平凡社新書
913

人類の起源、宗教の誕生

ホモ・サピエンスの「信じる心」が生まれたとき

山極寿一
YAMAGIWA JUICHI
小原克博
KOHARA KATSUHIRO

HEIBONSHA

人類の起源、宗教の誕生●目次

●対談

●対談

第1章　人類は「物語」を生み出した

人間が生きる意味

山極　今、超スマート社会を迎えて、世界に非常に不安が広がっていると思うんです。その不安の一番の原因は、人間が生きる意味とはなんだろうかという問いなんですね。これにＡＩは答えることができない。ＡＩは知能を目指していますから、知能と意識が切り離された世界を私たちはＡＩによって目前にしているわけです。

ところが、私たちは意識を持った存在であって、これはもちろん人間の大きな特徴ですが、それに身体を用いるという意味で動物ともつながる話ですよね。私たちは日々生理学的な特徴を総動員して、生きるという実践行為を行っている。これは知能だけではできないことです。

小原　そうですね。私の専門であるキリスト教や宗教学の分野でも、ＡＩをはじめとする科学技術の急速な進展が人間にどのような影響を及ぼすかについて関心が向けられています。

宗教は人間の生きる意味を問うてきましたから、これに関しては膨大な議論の蓄

対談風景。同志社大学にて

積があります。しかし同時に、問いの立て方そのものが技術の進展によって、新たな問いにさらされているという点で、伝統的な議論の繰り返しだけでは済まないでしょうね。人間を精神と肉体などに分けて分節的に考えようとする理解は、これまでも多数のバリエーションがありますが、知能と意識の分離がここまで進むのは、現代ならではの特徴でしょう。

山極　AI、あるいはロボットというのは、知能だけはどんどん人間の知能に近づきつつあるし、やがては人間を超えるかもしれないが、しかし生身の身体を持っていませんから、そこから人間の生きる意味が出てくるのかといったら、出てこないわけです。

そもそも人間は、生きる意味というのを一体いつ頃から持ち始めたのか。歴史というものは従来、産業革命以降とか、古くても文字で書かれたものからとか、そういう非常に短期間で考えられてきましたが、今やもっと古くさかのぼって、人間が言葉をしゃべり始めた、あるいはもっと、人間が動物とあまり変わらない生活を送っていた頃までさかのぼって、そこから人間の身体の歴史を考えなければならなくなっていると思います。いうなれば、人間という存在の進化の歴史、産物を総ざらいして、新たな人間の意味を、人間の生きる意味を考えなければならなくなった。そこでは宗教が大変重要な焦点になっていくと思っています。

山極寿一氏

一般的には動物に宗教はないと言われていますが、宗教をさかのぼっていくと、やはり文明以前の、人間という動物が社会をつくることに行き着くんじゃないかと思うんですね。もちろん言葉は大きな役割を果たしたけれど、人間が言葉を持つ以前から、そういうものを持ち始めていたと思います。今日はこういうお話をできたらと思っています。

小原克博氏

犬に祈りはあるか

小原　今お話しいただいた中に話題にしたいことがたくさんありました。ＡＩについては後ほどあらためて話せると思いますが、人間と動物との関係は掘り下げる価値があります。それから、宗教の起源をどれくらいまでさかのぼって求めることができるかという点です。これらはいずれも大事なテーマだと思います。

今、動物には宗教はないと言われましたが、定説ではそのとおりです。宗教とは何かという定義の仕方は千差万別ですが、特に西洋の宗教研究では伝統的に、人間と動物とを区別するものとして宗教が位置づけられてきました。もちろん人間と動物では様々な能力の違いがありますが、その中でも、西洋では、人間の優越性を担保する要素として、宗教を考えてきたということです。人間だけが宗教を持っていて、他の動物はそんな高度なものを持っていないという形で、宗教がヒトと動物の境界線となってきました。

ですが、私はそれを見直してもいいのではないかと思っています。言うまでもなく、多くの概念は極めて人間中心的に構築されていますし、特に西洋では、人間の優越性を論証するために概念構築がなされていて、宗教もその一つです。しかし、人間を理解するために、今や動物との連続性や、動物としての人間の側面を無視することはできません。宗教を広く理解すれば、動物の中にも宗教や、少なくとも宗教の萌芽があると考えることは可能でしょう。人間が突如として身につけた能力なんて一つもありませんからね。

卑近な例で申し訳ないですが、犬を取り上げて考えてみたいと思います。以前、宗教学者の島薗進先生から、犬に祈りがあるかどうかというエピソードを聞いたことがあります。島薗先生は、東京大学を退職後、カトリックの上智大学で教鞭を執られています。上智にはシスター高木慶子という有名な方がおられますが、あるとき、そのシスター高木と島薗先生が、犬に祈りはあるかという議論をされたのだそうです。祈りは宗教の基本ですね。伝統的なカトリックの立場からすれば、犬が祈るかどうか、そんなことは話にすらなりません。ところが島薗先生は、主人の帰りをずっと待ち続けた忠犬ハチ公を例にあげ、その忠誠のつくし方を見れば、犬の中にも祈りに近いようなものがあるんじゃないかと反論されたのだそうです。この話を聞いて、私はすごくおもしろいポイントを含んでいると思いました。私も犬を飼っているのですが、私が帰宅すると犬は尻尾がちぎれんばかりに喜ぶんですよね。私の帰りをずっと待ってるんですよ。それを考えると、レベルは違うにしても、犬の中にも、動物の中にも、希望や、祈り、期待といった宗教につながっていくようなものは、十分に認められるのではないかと思います。

むしろ、動物も含めるくらいの射程範囲で宗教概念を拡張していった方が、宗教の起源についての問いに、より具体的にアプローチできると思います。宗教の起源は、一般的には、言語の獲得と関係づけられます。言語を獲得してから、人間は自分が経験していない他の人の経験を聞き、想像力や社会性を増し加えていきます。ですから、言語が人間の宗教性を加速したのは間違いないでしょう。しかし、ジャングルにいた頃にも、それに近いものを、特に自然との関係の中で感じ取っていた可能性は十分あると思います。言語にはなっていなくても、ダンスや音楽的なリズムのような身体感覚の中に、宗教の元になるような共感や社会性の萌芽があったのではないかと思います。

山極　私は宗教の起源は、共存のための倫理、エシックス（ethics）だと思います。それは人間だけに与えられたものではなくて、いうなればすべての動物が、すべての生物が持っているんですね。それが人間の持つ、サルから受け継いだ視覚優位の能力の中で実体化していった。つまり、人間が独自につくり上げていった。それが宗教になったのではないかと思います。

　共存のための倫理というのは、例えばジャングルの生物たちを見ていると、彼らは好き勝手なことをやっているようだけどちゃんと共存しているんですよ。ここには人間にはわからない倫理が潜んでいるわけです。生物というのはお互い持っているものが全然違いますよね。植物と動物では細胞のつくりが違うし、寿命も、植物は一本の木が何百年、何千年という寿命を持っています。ところが、動物は一日で息絶えてしまう虫もいるし、あるいは、何十年と生きる哺乳動物もいる。そういう生き方の連鎖が違う生物たちが、秩序をもって共存しているのは一体なぜだろうと考えたときに、やはりそこには、人間の感覚を超えた倫理があるからだと思います。それは今の科学、人間の感覚では見定められない。

仲間を信じて食物を食べるということ

小原　なるほど。通常、倫理という言葉は人間社会に限定して使われますが、広く理解すれば、動物の世界にも共存のための倫理があるということですね。それが人間社会にもつながっていることや、宗教の起源と関係しそうなこともわかります。ただ、人間の場合には、共存だけでなく、異質な存在を排除するような排他性が、倫理や宗教の中に過剰に組み込まれる場合もありますよね。その意味では、人間の倫理は独自な展開を遂げてきたようにも思います。

山極　人間はいつからか独自の倫理をつくり上げ、その中で生きようとしてきました。人間がどんどん地球上に足を延ばし、そこで自然を管理し、自然の頂点に立とうとしてきた結果なんですが、そこは人間独自の話です。しかし人間は、言語が成立するずっと以前にそれを始めているんです。

それはどういうことかというと、人間は直立二足歩行を始めたときに、霊長類の感覚から離れ始めたんだと思うんです。人間も動物も食べることが生活の、暮らしの中の大部分を占めています。生きていくために、食べることが一番の関心事ですよね。動物は五感を総動員して食物を探し、食物を確かめ、そしてそれを口に入れて消化するわけですが、人間が二足歩行を始めた時点で、その「食物を確かめること」はできなくなった側面がある。直立二足歩行はエネルギー効率のいい歩行ですから、二足で立って広い範囲を歩き回って、食物をとってきて、それを仲間のもとに持ち帰り、共食するようになりました。

ジャングルの外というのは非常に危険な場所で、みんなが一緒に歩いていたら、弱い者からどんどん捕食者の餌食になってしまいます。だから屈強な者が広い範囲を歩いて、安全な場所に食物を持ち帰って食べるということが、非常に生存力を高めたんだけれども、そうすると、自分では食物のあった場所を確かめることも、採集した状況が示す食物の性質を確かめることもできないですから、仲間が持って帰ったものを信じて食べるという行為が生まれたわけです。つまり、食物を確かめるんじゃなくて、仲間を信じてその食物を食べるという、ここが人間独自のエシックスの始まりだと思うんですね。つまり、信頼関係の変化です。

小原　それは、ヒトだけが食べ物を分かち合うという特性を持っていて、他の高等類人猿などは同じようなことはしないということですね。

山極　ええ。食物の分配はたまに起こりますが、食物を運んで仲間のもとに持ち帰って、一緒に食べるということはしませんね。食物はその場で分配します。

宗教の起源は「共同体のエシックス」

小原　宗教の元になるものが、共同体のエシックスだという指摘はおもしろいと思います。先生はおそらくゴリラの中に共同体のエシックスをたくさん見てこられたのだと思います。しかし実際には、エシックスという言葉も、宗教という言葉と同様に、やはり人間だけのものだという考え方が強くあります。ですから、ゴリラのエシックスなんていうと、「ゴリラを擬人化するな」というような批判があるかもしれませんね。

山極　例えば、不公平を是正したいという気持ち、これはエシックスだと私は思います。これはゴリラだけでなく、チンパンジーにも、オマキザルにも、ニホンザルにも認められています。社会的に群れをつくって生きていく以上、大規模な不公平が目の前で繰り広げられている場合に、それをおかしいと感じる心というのは、動物にはあるはずですよね。私は、それが倫理の根本にあると思うんです。

小原　同感です。我々の言葉で言うならば、公平とか正義、いわゆるジャスティス

（justice）ですよね。同じものは等分に分け与えられてしかるべきだという主張は、当然動物のレベルでもありうると思います。ゴリラやサルのレベルではご指摘のとおり十分あるはずですし、私自身はイヌも公平の感覚を持っていると感じています。私は犬を複数匹飼っているのですが、特定の犬だけにおやつをあげていたら、貰っていない犬は「それはおかしい」という主張を体全体で表現します。公平さをエシックスの基本とするなら、ある程度、動物にまで拡張できそうですね。

山極　そうですね。私たちは人間の原理こそ最高だと考える傾向があって、それに近いものを動物に認めたときに倫理があるというんですが、実は、動物たちは人間とは結構違う倫理も持っているわけです。

秩序を重んじ、不公平を甘受するニホンザル

小原　動物と人間の違いについても考えてみたいのですが、霊長類の世界で人間と違うタイプの倫理の例をあげていただけますか。

山極　例えば、ニホンザルには不公平を甘受して秩序を重んじる、そういうエシッ

クスがあったりします。

小原　なるほど、それはおもしろいですね。

山極　人間については、いろいろな意見があるでしょうが、やはり平等であるべきということ、自分に起こることは他人にも起こりうる、他人に起こることは自分にも起こりうる、そういう相互換性、間主観性というものをもとに、倫理というものをつくってきたんだと思います。それは人間に近い類人猿であればある程度共通に持ってはいるんですが、しかしやはり、人間が独自につくり上げた倫理であろうという気はしますね。

小原　そうですね。ただ同時に、今の人間社会でも、不公平があっても秩序を重んじるタイプの倫理はまだまだ根強くありますよね。古くからあるものでは、カースト制度がそうですし、また、独裁政治をしているような国々では、秩序維持が倫理の大前提になっています。秩序を保つために、少々の不公平は我慢せよ、というわけです。こうした傾向は、現代において部分的に強まっているように思います。

山極　そこにいく前にもう少し社会的協調についての成立プロセスをお話しすると、

直立二足歩行で食物を運ぶっていうところから、人間の信頼関係というのは命を左右するようなものに変わったわけですよね。食物は一歩間違えれば病気になるし、毒を食べれば死ぬわけですから。

小原　ええ、そうですね。

山極　ですから、仲間が持ってきたものを食べるということは、その仲間に命を預けるということに近いわけですよ。そういうふうに信頼関係が変わっていきながら、だんだん社会力、共感能力といえるものが、人間の生きのびる大きな手段になっていった。つまり、自分が実際に手を下さなくても仲間がやってくれる。仲間を信じることによって、自分の手足を延長させることができるわけです。それで、だんだんと社会的な協調や協力というものが高まっていって、熱帯雨林でしか生きられなかった類人猿が、熱帯雨林を離れて草原へと出ていけるようになり、とうとう一八〇万年前に人類はアフリカ大陸を出たわけです。そもそも、アフリカ大陸を出るのに森林を伝っては行けませんから、草原という、危険で食物が不足する場所を社会力、共感能力を持って克服していかなくてはならなかった。その時点で人類は集団を大きくしたわけです。もともとのゴリラ的な、せいぜいが一〇頭から二〇頭くらいの小さな集団だったものが、ホモ・ハビリスという、初めてホモという属名がつく二〇〇万年くらい前の人類は、脳が少し大きくなって、三〇人くらいの集団になっていました。

ところで、脳というのは言葉が登場するずっと以前に現代人の大きさになっています。ですから、脳は言葉によって大きくなったわけではなく、集団の大きさが拡大することによって、社会的複雑さに対応する社会脳として大きくなったという仮説があります。そこから逆算すると、アフリカ大陸を出た頃の人類の脳というのは三〇人から五〇人くらいの集団であった。そして、脳が完成したときは一五〇人くらいの集団であったという予想が成り立ちます。それは四〇万年くらい前のことですから、言葉を話し始めるずっと以前に、すでにその段階に達していた。逆に当時の狩猟採集という生活様式の中でつくられる人間の集団というのはだいたい一五〇人であったということです。これについては、現代の地球に生きる狩猟採集民の人たち、つまり、自分たちで食糧生産はしない、自然の恵みにだけ頼って生きている人たちの村の平均世帯数が一五〇人といわれていますから、ぴったりくるわけです。

　では、一五〇人とは一体どんな数なんだろうというと、やっぱり身体のつながりが前提になっていて、つまり、会って、身体で協力し合い、さきほど先生がおっしゃったように、歌をうたい合って、音楽的な身体の同調というものをもとにつくり上げられている集団の、おそらく適切な数です。それが、言葉の始まりによって、ものすごく大きくなる可能性ができたわけです。それはなぜかというと、物語ができたからです。

「物語」が世界の外に人類を導いた

小原　脳の大きさと集団の大きさの相関関係はおもしろいですね。物語が集団の拡大に新たな可能性を与えたというご指摘も、十分納得できるものです。宗教の世界の基本は何と言っても物語です。後に成立する複雑な教義や神話なども、元をたどれば物語です。目に見えるものだけでなく、目に見えないものをも物語の要素にできたのは、まさに言語の力ですね。

山極　言葉によって、目には見えない、現実にはないものをつくり出す能力ができたわけですよね。それまで人間がやってきたことは、見ていなかったことを仲間の目によって、仲間の身体によって確かめるということであって、それは道具だとか、そういうものによって拡大はされてきていたでしょうけれども、しかし、何もないところからものをつくり出す能力はなかったわけです。だから、自分たちが生きている世界の外を想像する力はなかった。しかし言葉によって、人間の世界の外にある何ものかを知り、あるいは何かを想像する力を手に入れた。つまり、想像する力が圧倒的に拡大されたということですね。

小原　想像力と言語は密接に関係するということですね。

山極　だと思います。ネアンデルタール人も言語を使っていたかもしれないが、ホモ・サピエンスが使っていた言語とは違っていただろうと言われています。ホモ・サピエンスの言語の特徴は、やはり類推する、比喩の能力ですよ。

小原　そのとおりだと思います。因果関係を類推するだけなら、多くの動物が危険回避や生存のために行っていますが、比喩の力はまさにホモ・サピエンスならではのものでしょう。宗教の世界は、目に見えない存在を描写するために比喩を用いざるを得ません。未知のものを物語るために既知のものを使う、ということです。聖書やクルアーン（コーラン）を見ても、比喩的な表現にあふれています。

山極　机を動物に見立てたり、あるいは人間関係を動物の関係に見立てたりしながら、どんどん想像の幅を広げていく。逆に言えば、代替不能な個物というものを分類して一括化することによって、抽象化して、ビジュアルでわかりやすく伝えていく、そういうコミュニケーションですよね。これが非常に効率的であったということです。相手をその場所に連れて行ったりモノを運んだりする必要がなくなって、言葉一つで経験を共有できるんですから、こんな効率性はないですよね。つまり、言葉がポータブルでトランスポートしやすいものであったということが、すごく大きいと思うんですね。

想像力こそホモ・サピエンスの力

小原　想像力が人間の世界をぐっと広げたというのはおっしゃるとおりだと思いま

す。世界的にベストセラーになった、ユヴァル・ノア・ハラリの『サピエンス全史』の冒頭に書いてありますが、動物は目で見たそのままで世界を認識しています。例えばライオンが来れば危ないから、ライオンが来たぞという危険をお互いに知らせる力は、どの動物も持っていますよね。ところが、ハラリの説明によれば、動物はライオンが来たということは伝えられるけれども、ホモ・サピエンスだけが「ライオンはわが部族の守護霊だ」という想像力を持つわけです。自然界にある力の強いものを自分たちの中に取り込んで、それによって守られているというような、そういう想像力こそが他の動物との違いであると。彼はそれを認知革命と呼んでいますが、想像力が人間の力をワンランク上に引き上げたということです。

ところで、宗教の起源は何かということを考古学的に考えていくときによく取り上げられるものに、ドイツで発見されたライオンマンという象牙の彫刻があります。非常に古いものです。

山極　ああ、三万年前くらいでしたかね。

小原　ええ。あれもやはり、人間とライオンを組み合わせ、この世には実在しないものを出現させることによって、外部から自分たちを守ってくれる力を期待したわけです。

山極　人間にはない能力をつくり出したのでしょうね。

小原　ええ、そう思います。

山極　私はハラリが言っていることでおもしろいなと思ったのは、認知革命というのは、人間が「知らないということを、知るようになった」ということだと。それは裏返して言えば、知識欲が出たということですね。知識をたくさん持つことが、人間の生存力を高める。しかし、実は私はそれにはちょっと反対で、知識欲が高まったのはもっと前だと思っています。

というのも、動物は非常に保守的なんですよ。自分の見慣れた環境からなかなか出て行かない。ところが人類がアフリカ大陸を出たということは、未知の世界に対する興味が湧いたということだと思うんです。もちろん、少しずつ人口が増加して住んでいる地域から押し出されていったというプロセスもあるかもしれないけど、それにしても、気候も植生も食べ物も全く違うし、生息している肉食獣も全く違うところに出て行くのには、相当な勇気が必要です。もちろん、最初は野心を持って失敗した人たちが続出したと思うんですが、行って帰ってきて見たことを知らせ、それをおもしろいと思って再度挑戦するという人たちが出てこなければ、劇的に環境が違う新しい生息域に出て行くことはなかったと思うんです。

ゴリラやチンパンジーを見ていると非常によくわかるんだけど、ゴリラもチンパンジーも、いったん自分の集団を離れてしまったら、同じ集団には二度と戻れません。つまり、人間の集団というのはいったん離れた仲間が帰って来た時に、またあたたかく迎えてやれるという、動物にはない性質を持っているわけです。これが一体なぜ、どのようにしてどういう背景でつくられたのかというのは、私のすごく大きな疑問なんですが、それは言葉よりずっと前にできたんじゃないかと思っています、きっとね。

集団に再び帰れるという人間の特性

小原　なるほど、そこはすごくおもしろいところで、ご著書『ゴリラからの警告』

にも書かれていましたが、不在の者を受け入れる力、これが人間に特有のものだということですね。確かに他の動物の場合、群れを出て、しばらく経ってから、もう一度群れに戻るというのは不可能なわけですよね。しかし、人間は遠くに出かけて、例えば一か月後帰ってきたとしても、離れていた人がかつて自分たちの仲間であったという記憶をベースにして、もう一度受け入れることができると。ですから、不在のものを受け入れるという、この基礎的な経験と感覚は、人間が社会形成していく上で非常に根幹的なものだという気がします。

山極　そう、そのとおりです。

小原　不在の者を受け入れる力というのは、それを軸にして多様性とか、他者を受け入れるとか、倫理の幅が広がってくるので、言語獲得以前の非常に始原的なものであると同時に、我々が現代の文脈において再認識すべきものであると思います。

山極　現代は逆に、いったん出て行った人、パージしてしまった人を受け入れないという、非常に閉鎖的な社会がつくられているような気がします。

では元に戻って、なぜそういう、不在のものを受け入れるような性質がつくられたのかということを考えたいと思います。ゴリラの社会、チンパンジーの社会では、誰かが出て行くと、出て行った人は元からいなかったかのように、秩序が新しくなってしまうんですよね。すぐに隙間が埋められてしまうんです。ところが人間の場合はその隙間をあけたまま、フレキシブルに付き合えるという余地を残しているわけです。だから、もちろん不在の時はその不在を埋めるような役割を誰かが果たすかもしれないけど、その人が帰ってきたら、また元の役割を、あるいは新しい役割を果たしながら、集団に溶け込めるような包容力とフレキシビリティを持っていると思うんです。

小原　なるほど。しかし、なぜ人間だけがそのようなフレキシビリティを獲得できるようになったのでしょうか。ゴリラやチンパンジーは、不在となった者の隙間を埋めてしまうのに、人間は、そこに隙間を想像することにより、何か有利な点を見つけたということでしょうか。

山極　それは、人間がだんだんと広い範囲を食物を探しながら遊動していく段階で獲得したんだと思います。現代の狩猟採集民で私が知ってるのはピグミーの人たちなんですが、彼らはものすごく離合集散します。ある時は小集団でばらばらになって、ある時はかたまっていくという形で、いろいろな集団を演じられる。つまり、自分はこういう状況ではこういうパーソナリティを有し、こういう状況ではこういう役割を果たし、というような可塑性をだんだん身につけていったのではないかと思うんですね。

集団に依存する生存戦略の理由

小原　絶えず変化する環境に順応するために集団が可塑性を持つというのは、確かに重要ですね。可塑性を持たない集団は、やはり社会や環境の変化に適応できなくなり、存続できない可能性が高いです。

ちょっと次元は違うかもしれませんが、多くの宗教組織は集合離散を繰り返しながら、活動領域を広げてきました。キリスト教で言えば、世俗社会から距離を置いて小集団を形成する修道院のようなものもあれば、街中でオープンに人の往来を許し、ハブ的役割を果たす教会もあります。日本ではお寺は、比叡山や高野山のように人里から隔絶した場所につくられる場合もあれば、京都のように、街中のあちこちに見られる場合もあります。最初期の人間が、広範囲で食物を探す必要性から集団の可塑性を獲得していったように、宗教集団は、人々の精神的な飢えを満たすためにその可塑性を発揮したと言えるかもしれません。長く存在している宗教集団は、ほぼ例外なく、多様な集団の形態を持っていますからね。

ところで、人間が集団に依存した生存戦略をとったのは、なぜなのでしょうか。

山極　その一番のキーになったのは、共同の子育てだと思います。

人間の脳が大きくなりはじめたのは二〇〇万年前ですが、脳が大きくなったということは非常に成育コストの高い子供を育てなくてはならないということなんですね。脳というのは多くのエネルギーを食う器官ですから。しかも人間の脳は生まれて一年以内に大きくなりますから、その間にものすごく栄養を要求する上に、その頃は非常にひ弱です。そんな子供をたくさん抱えるようになると、これはとてもとても一家族では間に合いません。子供の成長に応じていろんな人たちが子育てに関わって、そうやって子供に関わり続ける限りにおいて、人々は同じ共同体の仲間であるということを認識できると。ですから、子供がおそらく核になっていったのではないかと思うんですね。

小原　なるほど、人間の巨大化した脳を養うためには、一人や二人では手が足りないということなんですね。子育てが、人間の集団形成にとって核になっただろうというのはわかるのですが、それは、ゴリラやチンパンジーにおいても同様ではないですか。

多産こそ集団形成の原動力

山極　人間はゴリラやチンパンジーに比べて圧倒的に多産なんです。人間は熱帯雨林という豊かで安全な場所を離れた途端に多産になっていったと思います。というのは、系統的に近い、森林に生息する動物とサバンナで暮らす動物を比べると、明らかにサバンナで暮らす動物の方が多産なんです。

なぜかというと、サバンナは肉食獣が、とりわけ地上性の肉食獣が多い。そうするとその連中に子供を食われますね。その欠損を補充するためにたくさん子供をつくらなくてはいけない。ところが、人間はサルと共通の祖先を分かち持っていますから、一度にたくさんの子供は産めません。となると出産間隔を縮めて何度も子供を産むという方法を選ばざるをえなかった。そのために、人間の子供はまだお乳を吸っててもいい段階で離乳させられてるんですね。永久歯が生えてくるのは六歳ですが、現代ではもう一歳、二歳で、まだ乳歯のままで離乳してしまいます。乳歯のままだと大人と同じ硬いものは食べられないですよね。今でこそ離乳食や人工ののがいくらでもあるから、乳歯のまま離乳しても子供に食べさせるものは楽に手に入りますが、狩猟採集時代にも小さな子供に食べさせる、特別なものを用意する必要があったわけです。これは大変なコストです。しかし、そうまでして離乳しなければならないほど、たくさんの子供をつくる必要があった。それをずっと受け継ぎながら今まで来たんですよ。

人間は本当に、チンパンジーやゴリラやオランウータンから比べると多産です。脳が大きくて成長に時間がかかる子供をたくさんかかえるようになったおかげで、人間にはとてつもない社会力が必要になりました。もう、お父さんお母さんだけでは子供たちを育てることができない、みんなで寄ってたかって子供たちを大人にしなくちゃいけなかった。そうやって多くの人たちが関わる必要ができてきたので、集団も大きくなったし、なおかつ、集団の協力という力も強くなった。その過程で、いったん出て行った仲間をまた受け入れるという能力が生まれたのではないかと思うんですね。

小原　さきほど話題にした、不在の者を受け入れる能力ですね。アプローチの仕方はちょっと違いますが、今私は「不在者の倫理」ということを考えて、ちいさな論考を書いたりしています。それはどういうことかというと、現在生きている世代の中で、どこか遠くに行って不在となった者を再び受け入れるというのは、我々の日常感覚からもわかります。しかし、宗教の領域で言うと、死んで不在になった人、つまり死者がまた戻ってくるかもしれないという感覚を、人間は太古の昔から持っています。死者は今ここにいないけれども、時々帰ってきて、我々がしかるべきことをしていなければ、自分たちに悪い影響を及ぼすかもしれないし、反対に、誠意をもって弔っていれば、不在の死者が自分たちの家族や集団を守ってくれるかもしれないという感覚は、古くから見られるものです。そういう意味で、存在しているものと不在のものとが、相互に交流していて、そこに人間ならではのエシックスの基礎があったのではないかと思います。

死者はいつか帰ってくる

山極　おっしゃるとおりだと思います。というのは、動物にとって仲間がいなくなるということは死と一緒なんですよ。たとえ、他の群れで生きていたとしても、自分が群れで暮らす上では、死んだのと一緒なんです。ところが、帰ってくる可能性があるということになれば、今ここにいなくても生きてはいるわけですね。たとえずっといなくても、その不在者の存在を意識し続けなければいけないわけです。それが今、先生がおっしゃった話だと思います。

つまり、死者というのは、目の前で肉体が滅びて、いなくなったとしても、またいつか帰ってくるかもしれない。あるいは、向こうの世界でこちらをじっと見つめているかもしれない、そういう存在にだんだんなっていったと思うんですね。ですから、不在の時を埋めるかのように、いったん群れからいなくなったものが生還する、回帰する、ということが常識になっていって、これにより死というものの概念も変わっていったんじゃないかという気がします。

小原　そうですね。よく言われるのは、死の認識が、宗教の始まりだということです。そして、死を自覚し、意味あるものとして受け止めるのは人間だけで、他の動物には死の概念はないという言われ方が、これまでは長くされてきました。そこにヒトと動物を分けるものとしての死の認識、あるいは宗教の起源を求めるような議論があります。以前、ゴリラは仲間が死んだ場合どうなのかと先生にお聞きしたら、ゴリラにとっては死んだら土くれと同じだと、そのときにはお答えいただいたように記憶しています。

この問題を考える際に思い起こすのは、チンパンジーを研究する松沢哲郎先生たちのチームが一九九〇年代の初め頃に撮影された、お母さんチンパンジーが、亡くなった子のむくろをミイラになるまで抱え続けたという映像です。その映像からは、ゴリラとは異なり、チンパンジーは亡くなった子に対して愛着を持ち続けているような印象を受けました。ですから、ヒトとは違うかもしれないけど、チンパンジーは何らかの形で死を認識しているのか、あるいは死んでもなお愛着が続くような感覚があって、それがどのように生成しているのかということに関心をそそられます。

山極 それはすごく難しい問題だと思います。あのチンパンジーの子供ですが、松沢哲郎先生も関係するかなと思っています。私はシンボルの起源みたいなものに観察する場所はボッソウという、比較的乾燥している場所なのでミイラになったんです。普通は腐っちゃうわけですが、そうすると腐臭がただよって、とても抱えていられない。そうするとその時点で諦めるわけです、うじがわきますから。それが、たまたまミイラ化したがためにずっと持ち続けることができたというのは大きな現象だと思います。人間の場合でも埋葬が始まる前、遺体は放置されていたわけです。あまり敬意を払わなかっただろうと思います。死んでしまえば土に戻る、あるいは全く違うものになってしまう。だから、その身体をずっとそばに置くことはできないというのが原則だと思います。

逆に私は先生に質問したいんだけれど、魂というものが現れたのはいつなんでしょうか。身体は滅びても魂は生き続けて、いつも我々のそばにいて見えないだけなんだという、そういう観念がいつ生まれたのか。私がシンボルと言ったのは、道具が魂をめぐる認識の、変化の原点になりうると思うからです。チンパンジーは他のチンパンジーの道具を使うことがあります。シロアリ塚のそばに道具が置かれていたら、それをまた使う。道具という機能がわかっているからなんですね。

小原　それは、道具の使い方を文化として学習しているわけですよね。本能的にではなく。

山極　そうです、文化として学習しています。そして、それはみんなに共有されているわけですね。でもチンパンジーの場合は、道具に他の人の、他の仲間の意図や魂が入っているとは感じないようですね。チンパンジーの限界です。

ところが人間は、道具に、それを使った者の何かが宿っていると考えるわけですよね。それは、所有という概念を離れて、何かそこに特別なものが生じているんだと思います。それがシンボルになるわけですけど、だから、チンパンジーから道具を通じて人間に至る過程に、何か変化があったんだと思うんですね。そうすると、その死体を持ち歩く、あるいは死体に愛着を持ち、それを埋葬し、というようなプロセスに同じような過程がありはしないかという気がするんです。

魂はいつ現れたのか

小原　道具に特別な力や魂が宿るという感覚は、広く考えると、おそらくどの宗教にも見られる、アニミズム的な感覚の基礎にあるものだと思います。日本の場合は神道に受け継がれていきますが、道具だけではなく、特別な木や岩には何か特別な霊が宿るといった形で、自然の事物も畏怖の対象になります。生きている存在だけでなく、無機物にすら、霊や魂が宿るという感覚は、広く見られるものです。ただし、さきほど先生が問われた、魂が現れたのはいつか、という問いをきちんと考えようとすると、それぞれの地域や年代ごとに多様な伝承があるので、個別に見ていく必要があります。

西洋世界のことを考えると、やはり起源となるのはギリシアの思想や神話です。古代ギリシアの時代から、永遠の魂という考え方がありました。それを後に入ってくるキリスト教が受容します。実は聖書では、魂や死後の世界に対する記述は多くありません。特に旧約聖書では来世に対する関心は強くなく、人間は死んだら土に還るというのが基本理解です。神は生きている者の神であり、生きている者にこそ価値があるという考え方が中心だと言えますが、先祖に対する敬意の念はそれと共存しています。いずれにせよ、旧約聖書の中には、死んだらどうなるか、魂はあるのか、といった議論はありません。

ところが、西洋世界の中に定着し、広がっていったキリスト教は、ギリシア的な永遠の魂の観念の影響を受けました。イエスは観念的に魂の行き先を語るようなことは全くしませんでしたが、後の西洋キリスト教世界では、人は死んだらどこに行くのか、天国に行けるのか、地獄に行くのか、死んでも朽ちない魂があるのか、といった関心が強くなってきて、それに対応する教義もできてきました。しかも、かなり初期の段階から、魂を持っているのは人間だけであって、動物には魂はないと考えていたんです。こうした考え方は、後々の時代にまで強い影響を及ぼし、人間が他の動物に優越する特別な存在であることの根拠として、人間だけが魂を持っているということが挙げられました。これは非常にわかりやすい論理ですね。

山極　聖書によれば、動物には魂はないのですか。

小原　そうです。

山極　なるほど。だからね、それは農耕牧畜とともに生まれたんだと思うんですよ。狩猟採集民の世界というのは、動物に魂があるか、人間に魂があるかという話ではなくて、動物と人間は対等ですから、動物と会話ができていたわけですね。

小原　そうですね。狩猟採集の時代にあった動物と会話できるという感覚は、その後、形を変えながらも、様々な神話や物語の中に引き継がれてきたと思います。日本の昔話では、動物と人間が会話を交わす物語がたくさんありますし、さらに言えば、動物にだまされたり、助けられたり、「鶴の恩返し」のように動物と結婚したり、いろいろなバリエーションがありますね。動物が人間をどう見ていたかはともかくとして、少なくとも人間の側からは、長きにわたって、動物は会話できる対象と見られてきたのではないでしょうか。

ジャングルの未知のコミュニケーション

山極　それは人間の思い込みかもしれないけれどね。でも私が最初に申し上げたように、ジャングルでは能力の違う生物たちが、お互いにコミュニケーションを取り合って秩序を保っているわけです。そこには、我々にはまだ理解できないコミュニケーションがあるわけです。そういうことを人間も感じることができた。狩猟採集民というのはおそらく長い間ずっとそういう世界に生きていた。

でもそれが、言葉ができて、自分たちの世界というのを言葉で語り始めて、いわゆる言葉で語る世界の方が、今身体で感じている世界よりもリアリティを持ち始めたんです。言葉が出来て、農耕牧畜が始まった、その時に動物というものを人間より下に見る必要が出てきたわけですよね。

小原　動物を対等に見ていた関係から、下に見るようになる変化は大きいですね。このことと、これまで議論してきたエシックスの問題は密接に関係しているように思います。人間が生きるために動物を殺さなければならないとしても、コミュニケーションをとれる相手に対しては畏怖の念を感じたりしますが、動物を下に見るようになると、そうした感覚は吹き飛んでしまうでしょう。それが行き着く先は、動物の家畜化ですね。

山極　ええ。で、それは魂のあるなしによって分けたんだと思います。

小原　魂を持つものは尊重されるべきだが、持たないものは下に見て、家畜化してもよいということですね。そういう意味では、一万二〇〇〇年前の狩猟生活から農耕生活への移行は、人類史にとってかなり大きな意味を持っていると思います。自然との付き合い方、動物に対する考え方、世界観自体が大きく変わったわけですから。狩猟生活をしているときには、自分たちが生きるか死ぬかも、自然次第、動物次第みたいなところがあるので、命の駆け引きをせざるをえないわけですよね。ですから、人間だけが偉いとか、自然をコントロールできるといった発想は出てこないわけですが、農耕生活になると、まがりなりにも自然を管理する必要が生じてきます。結果的に、自分たちが自然より上にいるような感覚になってくるわけです。

しかし、農耕牧畜が一万二〇〇〇年前くらいに始まって、その後、人類が新しい社会をつくっていったとはいえ、まだ自然からの影響をもろに受けていましたから、自然の力の前では自分たちは簡単に吹き飛ぶような小さな存在だという自覚もあったはずです。さらに各種の道具や技術が進歩し、社会が安定した基盤を持つようになる中で、特にヨーロッパの中世以降、人間が自然の支配者だという感覚が強まってきたのだと思います。

「言葉で空間を再現する」という能力の獲得

山極　私は農耕牧畜の開始に至るまでにも、大きな変化があったと思っています。もちろん言葉をしゃべるようになったということが、大きな変化を呼び起こしたんだとは思うんですが、最近いろんな造形物の起源がどんどん古くまでさかのぼっていますよね。ネアンデルタール人がつくったものであっても、かなりシンボリックであったり、壁画に近いようなものも発見されている。

さきほど私が申し上げたように、人間はサルと同じ共通祖先を持っていますから視覚優位なんです。だから、空間認識が人間のリアリティを形づくっているわけですね。そこに、言葉という、聴覚を連携させて空間を再現するという、新しいコミュニケーションが出現した。とはいえ、人間の五感はゴリラやチンパンジーと全く変わっていません。嗅覚や触覚や味覚は近くにいなければ感じられないものだから、実はそれによって身体がつながれていて、そっちの方が身体世界なんです。そして、視覚や聴覚で感知する世界は、人間は技術によって拡大することができた。それが最初に現れたのは、ライオンマンといった造形だったり、洞窟の奥で描かれる壁画ですね、ラスコーやアルタミラにあるような非常に精巧な、まさに芸術ともいえるようなもの。あれは絵だけではなくて、物語性というものを秘めていると思うんですね。

小原　視覚と聴覚の技術的な拡張は、人間の想像力の拡張と密接に連動しているでしょうね。ラスコーやアルタミラの洞窟画を見ると、人間の想像力の爆発のようなものを感じさせられます。今先生がおっしゃった物語性が起爆剤になったような絵のダイナミズムが、太古の時代からあったというのは、とても興味深いです。

最初の洞窟画が描かれて以降、人間は目に見えるもの、見えないものを絵にしてきました。宗教画はその典型的なものです。この世に存在しないものをつくったり、描いたりすることによって、現実の中に目に見えない存在を顕現させたわけです。それは、今の言葉で言えば、目に見える現実と仮想的な現実を重ね合わせる拡張現実、AR技術ですね。現代では、ARやバーチャル・リアリティ（VR）が新しい技術として騒がれていますが、すでにその基本型はラスコーやアルタミラにあったのだと思います。

山極　しかも、自分たちが目にした現実の世界をそのまま写実したのではなく、かなりデフォルメされていますよね。ということは、あの時、またはそれ以前かもしれないけれど、人間が知覚した世界を、人間の手によって再現するということを始めたわけです。これはものすごく大きな飛躍だと思います。それまでは言葉というポータブルな、しかも泡のように消えてしまうようなもので我々はつながり合っていた。だから、言葉が人々をつなぎ合わせる接着剤の役割を果たしてきたんだけれども、実はそれ以上の接着剤を人間は発明したんです。それが芸術であり、宗教だと思います。

宗教はものすごく大きな集団を結びつける装置なんですね。それは言葉だけでは到底できなかったはずです。宗教、つまり、何かを信じ込むことは、それが現実にはないものでなければ、これほど多数の人たちをつなぎ合わせることはできなかったと思うんです。

小原　シンプルに言うと、芸術や宗教によって共通の物語を持てるようになったということですね。確かにこれによって大きな集団を結びつけることができるようになったと思いますが、その力が大きいだけに、物語が誤って用いられたときには、問題も大きくなります。その点は、今も昔も変わらないと思いますね。

第2章　暴力はなぜ生まれたか

宗教は農耕牧畜より以前に生み出された

山極　宗教は目に見えない想像上のものだからこそ、人々をつなぎ合わせることができたんです。ところが、これはパラドックスだと思うんですが、今逆転現象が起こっていると思います。ようするに、目に見えるもので人々がつながり合おうとしているから、つながり合えないんです。

プラトンがイデアを言ったように、人間というのは不完全な世界に住んでいます。しかし、理想の図形とか、形というものは必ずある。これはまさに形相《けいそう》と呼ばれるもので、三角形には完全な三角形というものがあるんだと。不完全な三角形を我々は見ているけれども、それは元をただせば完全な三角形に還元できる。それが数学ですよね。宇宙の真理というものが実際にはあって、真理のもとに我々は動かされているんだという考え。動かしている源は目に見えない神の力であり、それをみんなが信じたからこそ、まとまれたわけです。それを支えたのが科学なんですね。

しかし科学が技術になって、目に見える技術を生み出すものが科学だと言われるようになってから、今度は目に見えないものが信じられなくなったわけですよね。科学によって、目に見えるエビデンスというものが、まさに人々が合意できるプラットフォームになった。しかし、そんなものは今やフェイクでいくらでもつくり出すことができるわけだから、もはや人々はつながり合えないということだと思います。認知科学にしても宗教にしても、人々がいろんな形でつながり合えるのはなぜかというと、目に見えないものを信じ、それによってつながり合っているという幻想を人々が信じていたからなんですね。だからこそ、生まれも育ちも全く違う人たちが、つながれたわけです。しかし、科学技術偏重の時代になって、それがいつの間にか壊れつつある。

私は宗教というのは農耕牧畜の始まる前に生み出されたと思います。まさに、現実世界を視覚的な図形やシンボルに置き換えて、ストーリー化して人々がそれを信じることができるようになった時代の到来です。

小原　目に見えないものを信じられなくなったという、科学の時代の皮肉な逆転現象は実におもしろいですね。宗教が農耕牧畜の前に生み出されていたのではないかという指摘についてですが、壁画などの芸術的な想像力は、農耕社会に移行するはるか以前から存在していたわけですから、宗教の起源を農耕牧畜の前にまでさかのぼらせることは十分可能でしょう。目に見えないものを想像したり、シンボル化やストーリー化することによって、さきほど先生が言われた一五〇人という、初期の脳が管理できる限界を超えた集団を形成することができるようになったわけですよね。ここには、社会的結束力として働く、広い意味での宗教の力を見ることができます。

ところが、バーチャルな力を発揮する、いわば接着剤のような力は、自分が属している集団をまとめるという点では確かに有効ですが、その集団は違う物語を持つ別の集団と衝突する場合もあります。集団がどのように成り立っているかというのは、ゴリラ、チンパンジーから人間まで、いろんなレベルで考えられると思いますが、食べるものが十分足りていて、集団が安定していたとしても、なお他の集団を襲うことは、チンパンジーでもありうるわけです。そういうことを考えると、自分が帰属している共同体の安定だけではなく、他の集団にまで手を出して、場合によってはを以てしてでも、それを自分たちのものにしたいみたいな、いわば暴力の起源のようなものも、集団のメカニズムの中に探ることができそうです。これを人間の中だけで考えるのではなく、ゴリラ、チンパンジーなどを含めて考えることによって、暴力の起源やプロセスに迫っていくことができるかもしれません。そして、それがある程度わかれば、どうやってそれを抑制できるのかも見えてきますので、このあたりは考える価値のあることではないでしょうか。

おばあさんザルの紛争解決

山極　そのとおりですね。私は集団間の対立状況において、老齢者の果たす役割はすごく大きかったと思います。ニホンザルの例ですが、一九七五、六年頃、大学院の同僚の丸橋珠樹がエチオピアに調査に行くことになって、彼の屋久島の調査地を引き継いで、ニホンザルの調査を始めたんです。彼と一緒に見ていたときは一つの群れだったんですが、私が調査を始めたら、どうも群れが小さすぎると。すると同じ生息域に別の群れがいました。おかしいなと思って、黒田さんという先輩と群れの構成を調べていたら、二つの群れの間で個体が入れ替わったりしているんです。でも、群れ同士はお互い敵対的で、出会うと激しい喧嘩をしそうになるんですよ。ところがある時、老齢のおばあさんザルがね、ひょこひょこと群れを移っていくんですよ。すると他の個体は喧嘩どころではなくて、何かあっけにとられたような感じで、そのおばあさんが群れを移るのを見ているんです。若者のオスたちはいきり立っているんだけど、おばあさんはそしらぬ顔で群れを移っていって、結局喧嘩にはなりませんでした。おばあさんにとっては両方に子孫がいるからどちらも仲間なんでしょうけどね。ニホンザルには言葉はないから、それがなんであるかということは説明できませんが、行為によってなんだか可笑しいなというか、そういうふうに思わせるようなことが、老齢者にはできる。

小原　実におもしろい話です。老齢者が一目置かれていることが、紛争解決に役立っているということですね。こういう話を聞くと、では、人間社会はどうなのだろうかと考えてしまいます。昨今、政治の世界では、対立をあおる老人が目に付きますので。人間の集団形成と老齢者の役割についての事例はありますか。

山極　人間では、私がアフリカでよく体験したことについて話します。アフリカはご存じのように植民地化されるまで文字がありませんでした。しかし言葉はありましたから、言葉だけの社会は、ひょっとすると文字を持っている社会よりも生き生きとしているかもしれません。言葉が生きているわけです。

私がアフリカで仕事しているとき、そういった生きた言葉にたびたび出会いました。何かトラブルが起こると、老人たちがトラブルを起こした両者を呼んで、昔の経験を例として出しながら説得をする。これが効くんですよ。つまり、今起こっているトラブルというのは初めて起こったトラブルじゃないんだと。昔何度も起こっていて、それは解決されているんだという想いを双方が抱くことが重要なわけです。それは、それを経験した人にしか語れない、つまり、いろいろな例を長い時間を生きてきたゆえに知っている老人が、トラブルの仲裁者になれるわけです。そういうことを人間は何度も繰り返してきたと思うんですよね。

老齢人口が格段に増えるのは三万年前からです。それは言葉を駆使して、若い人たちが経験していなかった時代のことを語ることができるようになったからこそ、身体が不自由になった老齢者をみなさんが大切に思って、介護を始めたおかげで、老齢者たちが生き残るようになったんだと思います。トラブルの解消を老齢者が果たしていた頃は、あまり敵対関係が起こらなかったと思います。事実、暴力によって出た死者の割合を、動物から調べた研究があります。ゴメスらの研究で二〇一六年の「ネイチャー」に載っていますが、哺乳類の死亡の原因のうち、暴力による率は〇・三%です。現代の人間は一%以下です。ところが人類の進化の歴史全体を通してみると二%です。この二%というのは類人猿、霊長類でもほぼ変わらず、霊長類の時点ですでに二・三%に上がっています。これは霊長類が集団で暮らし始めて、集団がテリトリーを持って戦い合うようになった、競合するようになったのが理由です。それが、集団内でも集団外でも死者の数となって現れるんです。

霊長類ですでにその他の哺乳類から七倍に上がっているわけですが、霊長類から人類に至るまでそれは変わりません。ところが三〇〇〇年前から五〇〇〇年前まで、その率は八倍から一六倍に上がっています。暴力による死者がものすごく増えているんです。これが文明です。

小原　暴力による死亡率の急増は、人が人を殺す道具をつくったからだと考えてよいのでしょうか。

富の収奪、土地の価値が武器を人に向けた

山極　農耕によって蓄積された富を奪って入手するという理由ができたからです。しかし、理由はそれだけではない。武器自体は狩猟用の槍が五〇万年前、弓は一〇万年前からあるそうですから。

小原　武器そのものは、暴力による死亡率が上がる、はるか昔からあったということですね。

山極　そういう武器自体はあったんですよ。でもその武器を人間に向けることは一万年以上前にはなかった。

小原　なるほど、その変化は大きいですね。現代世界を見ても、武器があるから戦争が終わらないと普通は考えますが、人類史を振り返ると、問題の根はもっと深そうだと感じました。武器というモノよりも、言語による想像力の拡大が、そこには

関係していそうですね。

山極　だからそれは発想の転換としか思えません。今の狩猟採集民も、みんな武器を持っていますよ。でも狩猟と人間同士のトラブルは違います。本来、狩猟の武器を人間同士のトラブルには向けないですから。それをやるようになったのは、言葉ができたからだと思います。つまり、言葉というのは比喩ですから、動物を殺すように人間を殺せばいいと。そうすれば殺す理由ができますから。これは言葉の持っているレトリックですよね。

もちろん、衝突の理由としては、集団サイズが拡大して、その土地だけでは集団の成員を賄うことができなくなり、もっと広げる必要が出てきたからでしょう。しかし、集団同士の間には境界が引かれている。その土地に投資する資本が高くなればなるほど、つまり土地の価値が高くなればなるほど、境界というのは厳密に守られるようになる。それを突破して広げるための衝突が理由ではないかと思うんですね。

小原　なるほど。今まではもっぱら動物に向けられていた槍とか弓矢が、人に向けられるようになっていったプロセスには、人間を動物に見立てて、それを殺すことを正当化していくようなレトリカルな革命があったということですね。

山極　第二次世界大戦で、鬼畜米英なんていうのはまさにそういうことを言っていたわけですから。

小原　鬼畜米英という表現は、英米人を野蛮な動物に見立てたわけですが、この種の見立てやレトリックは多数の例がありますね。人を蔑むためにサルやブタに見立てるのは西洋では、よく行われてきました。いずれも、動物にとっては勝手に悪いイメージをつけられ、迷惑な話かもしれません。残忍なオオカミのようだ、とか、ずる賢いキツネのような奴、といった言い方もありますし、反対に、実際はけっこう獰猛なハトが平和の象徴とされるなど、過剰によいイメージが与えられる場合もあります。

いずれにせよ、動物に対し、人間が想像したイメージやシンボルを与えるのも、言語活動によるわけで、その延長に人間を動物化する、つまり、非人間化して、暴力を正当化するということが起こるのでしょう。

共感能力の暴発と、暴力の頻発

山極　私は人間の社会に暴力が頻発するようになった原因は、「共感能力の暴発」だと言っています。人間は共感能力を高めることによって、一五〇人までの集団を維持できるようになった。その中で、手のかかる子供を、負担をいとわずにみんな一緒に育てることができるようになった。そういった作業を通じて、お互いがお互いの気持ちを理解し合うような、共感能力を高めたと思います。

その原動力になったのは歌ですね。言葉の前に歌があった。今は言葉をもって歌いますが、それ以前は言葉がない音楽をみんなで共有していたと思います。もちろん踊りも入りますしパーカッションも入ります。そういうものを通じて人間が身体の同調、気持ちの同調を高めるような仕組みをつくった。

人類学者によれば狩猟採集社会というのは、投資型の社会ではなく、その場で消費する社会ですが、農耕牧畜は家畜だって子供の頃は育てなくてはいけないし餌をやらなければいけない。作物に関しては肥料をやって、害虫や害獣を追い払って、それを保護しながら育てるという努力が必要ですね。つまり、投資してもすぐ利益が得られるわけではない。みんなが共感能力を発揮して、将来の目標に向かって協力する必要があります。

小原　共感能力が大きな集団を維持するために必要だというのはわかりやすいですが、その共感能力が同時に暴力の引き金になりうるというのも大事なポイントですね。その場で成果を味わえる狩猟と異なり、農耕牧畜は長期に及ぶ労働投資ですから、その成果を確実に得るためには、先々のことを考えて努力するわけです。その努力の結果を侵害されないかという心配が、時に暴力を引き起こすということなんでしょうか。

山極　その努力の結果が台無しにされてしまったら、それは怒りますよね。そういう、つまり未来投資型の生業活動が生まれたことが、土地にしがみつく原因になった。定住というのは農耕牧畜の前に起こっていることなんですけれども、だから、私は宗教というのは定住とともに始まったと思うのです。

小原　人類はアフリカのジャングルを後にして移動を続けていったわけですが、土地にしがみつくタイプの定住というのは、いつ頃に起こったのでしょうか。

山極　洞窟というのが一つの定住の場所ですよね。ホモ・ハイデルベルゲンシスやホモ・ネアンデルターレンシスがヨーロッパに進出した時代に、ある程度繰り返し同じ場所を使うということが出てきたと思います。寒い地方であれば、暖かい、身体を守るような場所で身を寄せて生きていかなければならなかったので、洞窟は繰り返し利用されたものだったと思います。

儀式が「仲間」という共感能力を育てる

小原　生活する上で便利な場所を継続的に使うことから定住が始まったということですね。

山極　そうです。そして、その過程で洞窟の奥に象徴物を設ける。そこは、司祭といいますか、シャーマンが繰り返し儀式を行う場所だったと思います。そういうものができてきたということは、安定したメンバーシップで同じような想像を共有しながら生きてきた証だと思います。

小原　そういう儀式は、共感を維持し、強化するための装置なのだと思います。儀式を通じて何か同じものを想像する中で、自分たちは仲間なんだという共感能力を育てていくわけですよね。ところが、同時に、暴力は共感能力の暴発であるとすれば、その点についても考える必要があるでしょう。

現代でいえば、共感能力の爆発はナショナリズムに結びついたりします。国家という共同体は、リアルな土地へのこだわりを持ちつつ、想像に基づくバーチャルな特性も持ち合わせています。この集団への帰属意識が他の集団に対して排他的に拡張されると、一触即発の事態が起こったりするわけです。その点でいうと、共感能力は人類の歴史の中でずっと育まれてきたものだけれども、諸刃の剣としての側面が極めて強いと言えますね。

山極　ええ。同じ集団で暮らしている仲間のことを、わが身のように思えるからこそ、その仲間が殺されたりした場合は、ものすごく怒りを覚えるようになるわけですね。

小原　仲間をわが身のように思うという、きわめて素朴な感情が、敵対者に対しては怒りを増幅させるというジレンマは、人類の歴史に深く埋め込まれている感じがします。怒りの感情は言葉を介して広く伝達されるので、集団内部であっという間に拡散していくのでしょうね。昆虫をはじめ、どの生物も多かれ少なかれ縄張り意識を持っていますが、人間の場合、何か特徴がありますか。

山極　これは私の師匠のそのまた師匠の今西錦司先生が言ったことですが、実際の生物、あるいはモノでもいいですが、自然物は必ず界面《かいめん》というのを持っている。人間だと皮膚表面というのがはっきりした境界ですよね。ところが、コミュニティとかポピュレーションというものは界面を持っていない。それは想像上の産物だと。

社会もそうですよね。それらの想像上の産物を、具体的な自然物の境界に当てはめて、強化することが起こった。だから、例えばこの川からこちら側は我々のテリトリーであって、向こうは他の集団のテリトリーである。そういう境界が引かれるようになったわけです。それは、定住という生業史が起こってからできたんだそうです。

つまり、狩猟採集民はそういう境界は必要ないし、自分たちの仲間といっても、具体的な人物構成を決めているわけではないから、外から誰かが入ってきてもよくわかりませんよね。だから、流動性が結構あるわけです。ところが、具体的な人物に当てはめて考え始めると、今の国と国の国境がそうですが、入ってくる人、出て行く人は区別しなくてはいけないわけです。国境を越えた途端、その国のルール、その集団のルールをしっかり守るような義務付けが行われるわけです。

人口爆発に追い付けない人類の社会性

小原　現代の世界は国境線によって地球表面が区切られているわけですが、それがはたしていいのかどうか、常々疑問に思います。こういった領域国家のルールの基本ができたのは、おそらく一六四八年のウェストファリア条約以降のことでしょう。それによって、領土不可侵や相互内政不干渉といった、相互の主権と領域を尊重する合意が形成されてきました。もちろん、ウェストファリア条約以降も、領土や主権は繰り返し、奪い、奪われ合ってきていますが。とはいえ、我々はウェストファリア体制以降の時代に生きていますから、一応それを尊重すべきだというのはわかっています。しかし、それ以前の世界、例えば、ローマ帝国にしろ、古代エジプト文明にしろ、大きな領土の漠然とした境界領域があったとしても、人々は比較的自由に行き来していました。

そのような時代と比べて、現代がはたして人類にとって望ましい状態と言えるのかどうか、非常に疑問なんですよね。極めてバーチャルな性格を持つ国境線を、あたかも絶対不可侵のものであると考えて、パスポートがなければ自由に出入りできないといった不自由さを我々は甘受しています。もちろん、それによって、突発的な暴力を抑止しているというポジティブな評価もできるかもしれませんが、それにしても、かつて人類が経験していた移動の自由は、今の世界では根本的に失われているように思います。不自由の代償として暴力がきっちりと抑え込めていればまだしも、実際には、国境線をめぐって軍事衝突が起こったり、今後も起こりうるということを考えると、今の状態を人類の縄張り意識の最終形態として考えてよいのかどうか疑問ですね。

山極　ええ、そのような疑問を抱かれるように、現代はものすごく混乱していると思います。話を少し前に戻しますと、そもそも境界ができた頃は集団自体が小さかったわけですから、集団全体が一つの生き物のように考えられていたわけですね、大きな家族のような。そしてその家族は一体となって、身体の同調によって文化が生まれ、維持され、守られていたと思うのです。同じ歌をうたい、同じような服を着て、同じようなお祭り騒ぎをやって、心を常に一つにすることで、文化が生まれ、守られていった。地域性があるからこそ、世界中にいろんな文化ができた。もちろん、文化にも目に見えない境界があったわけです。

そして、人の移動というのは、文化の境界を越えて行き来できるものだった。モノの交換が必要でしたからね。移動性がある狩猟採集時代はよかったんだけれども、定住するとなると、その土地では得られないものが必要になるわけですよね。海岸の塩が必要になるだろうし、内陸の森になる様々なフルーツとかも必要になるわけです。それらを交換し始めたから、文化間の流通というのはあったわけです。

問題は、農耕牧畜が始まって、人口が増加したことにあると思います。農耕牧畜が始まった頃の地球上の人口は五〇〇万から八〇〇万人。それが、産業革命が起こった頃には一〇億で、さらに、今や七三億ですから、とんでもない速度で逓増しているわけです。それに人間の制度や社会性や心は追いついていないのではないでしょうか。

小原　七三億人はいうまでもなく、たとえ一万人であっても、我々の通常の身体感覚では認識不可能ですよね。つまり、これほど大規模な社会を維持していくためには、通常の感覚を強化したり、拡張するための仕掛けが必要なわけですが、現代のようにIT技術が発展する前から、人類はなんだかんだで、それをやってきたわけです。ゴリラやチンパンジーにはできなくて、人類がそれをやってこられた理由はどこにあるのでしょうか。

コミュニケーションの限界は一五〇人

山極　私がゴリラやチンパンジーやニホンザルを見てすごく実感したのは、コミュニケーションにはコミュニティの規模の問題があるということなんです。身体のコミュニケーションが実質的に人々をつなぐには限界がある。それはゴリラみたいな一〇頭、二〇頭というのが一番いいわけです。それ以上になると別のコミュニケーションが必要になっていって、身体のコミュニケーションの限界は一五〇人だと思うんですよね。でも、もっと大きい集団で人間は生きなくてはならなくなったわけです。

その時に、人々をつないだのは宗教だったと思います。宗教は非常に大きな役割を、実は産業革命くらいまで、あるいはもっと最近までしてきたと思いますが、その宗教でも、やはり集団の大きさには限界があった。宗教自体が人々の規律や共同意識というものを、言い換えればその宗教に特徴的な倫理というものを強めたがゆえに、その集団の外の人たちを排除してしまう結果になってしまった。

小原　ずばり宗教の功罪のご指摘ですね。確かに、集団の大きさは集団の機能に関係しますから、大きくなりすぎて機能不全を起こすということはありえます。しかし、人間は集団サイズにかかわらず、排他的になるときにはなりますね。聖書冒頭でいきなり兄弟殺しの物語が記されていますが、アダム、エバ、アベル、カインという、たった四人の家族でも、殺害という形の排除が起こっています。

もちろん、先生が指摘されたポイントもよくわかります。ある宗教に特有の倫理が強化されたときに、それを受容しない外部集団が排除されるということですが、問題はその倫理の中身ですね。集団の純粋性や優越性を強調するような倫理であれば、他の集団に対して排他的に働くに違いありませんし、反対に、隣人愛を広く適用するような寛容を大切にする倫理であれば、集団の違いを超える力にもなります。人間の集団規模が大きくなったときには、集団の違いを吸収するような倫理や宗教が求められたのではないでしょうか。

山極　興味深いことに世界の三大宗教が同時多発的に起こったというのは、気候や風土が違うにせよ、世界的に人間の精神構造が変わっていって、人間の暮らしというのがある程度のレベルまでいったときに、宗教というものが必要になったからなんだと思います。

「抵抗勢力」として始まった世界宗教

小原　集団の統合機能として宗教を見ることもできますが、同時に、宗教の秩序破壊的な側面にも目を向けると、宗教の全体像が見えてくるかもしれません。仏教にしてもキリスト教にしても、世界宗教といわれているものはいずれも、誕生の瞬間は、当時の社会の秩序を疑い、それを破壊するような形で、新たな秩序を生み出しています。

例えば仏教の場合、当時のインドでは人間はカルマ、つまり業のシステムによって運命づけられており、それは当時の差別的な身分制度を容認することにもつながっていました。しかし、釈迦は当時の世界観を部分的に受け入れながらも、そこからどのようにすれば自由になれるかを説き、サンガと言われる修行者のための共同体をつくりました。サンガは世俗社会に依存しつつも、世俗社会の秩序や欲望を否定し、出家者にはそこからの離脱を徹底的に促します。その意味で、出家者集団としての仏教は当時の社会秩序に対して、きわめて挑戦的であったと言えます。

山極　抵抗勢力だったんですね。

小原　少なくとも、世界宗教と言われるものは、ほぼ例外なく抵抗勢力としてスタートしています。

キリスト教の場合、イエスはローマ的秩序に逆らったと見なされ、十字架にかけられています。イスラームでは、預言者ムハンマドは当時のアラビア半島における部族主義に対し挑戦しています。部族が圧倒的な重要性を持った時代に、部族の違いを超えた存在として人類の創造者であるアッラーを掲げ、その信仰のもとに、数々の戦いを経ながらも、アラビア半島をまとめていったわけです。

政治的な秩序であれ、部族的な秩序であれ、集団的秩序は長い年月の間に流動性を失い、支配者の既得権益が拡大し、成員相互の互恵的関係が損なわれていきますから、それを刷新するような仕組みが必要です。部分的であれ、人類史の中で宗教はそのような役割を果たしてきたと思います。ところが、仏教にしろ、キリスト教にしろ、最初は固定化した秩序を刷新する力として誕生したにもかかわらず、組織が大きくなるにつれ形骸化し、人を自由にするのではなく、逆に縛る力になってしまうケースが多いですね。

宗教の強大化が「犠牲」を求める

山極　それはなぜかというと、宗教というのは大きな集団、すなわち国家、民族と結びついて、力を求めるからだと思います。強大になっていくという力が、人々の共通の幻想になっている。そのために個人の命が犠牲になるんですね。

宗教というのは、初めは個人の命を救済するために、生きる意味を与えるために出てきたし、その頃の圧政が人々を虐げていたからこそ、抵抗勢力になったと思いますが、それが人々の共通の幻想になり、そこに生きる意味を付与されるようになると、力が必要になる。その力を求めると、今度は逆に個人の犠牲を求めるようになるということではないかと思うんですよ。

小原　そうですね。そこはなかなか大事なところで、宗教に限らず、国家もそうですが、集団というのは大きくなると力を求めていくわけです。より大きな力を求めていって、それにふさわしい組織や信念体系をつくっていきます。しかし、宗教の教えの中には、人間が権力やお金など、この世の力に依り頼む存在であることを認識した上で、そこからいかに自由になるかを説いているものが多数あります。

例えば仏教は、人間が持っている様々な欲望を明晰に観察しています。人間はモノにしろ、地位にしろ、権威にしろ、いろいろな欲望に囚われやすい。仏教ではそうした止まることのない人間の欲望を渇愛と呼びますが、いったん欲望を満たしても、もっと欲しくなってしまう渇愛の連鎖から、どうすれば脱することができるかが、仏教の教えの中核にあります。

キリスト教の聖書も、この世の力から自由になることの大切さを教え、イエスは徹底して弱い者、虐げられた人々に視線を向けていますが、後の巨大化したキリスト教や教会は、それ自体の中に強大な力を持つことになります。

山極　権威をね。

小原　そうです、権威を持ってしまう。そこで犠牲という観念も出てきます。これは宗教の規模に関係なく、そして宗教という形をとらなくても、犠牲を求める文化は人間社会に広く見られます。生贄になった者の心臓を神に捧げるという、アステカ文明の人身御供は有名ですが、そこまでいかなくとも、共同体の秩序を維持するために、あるいは人々の不安を一掃するために、各種のスケープゴートを捧げる儀礼は世界の各地で見られます。

そして、集団の権威を維持するために犠牲を求めるという仕組みは、宗教の儀礼に見られるだけでなく、近代国家にまで引き継がれていると思います。見方を変えれば、近代国家には宗教を代替した部分があるということになります。

さきほども、人類の人口増加を話題にしましたが、これだけ多くの人間をどうやってまとめていくかは大問題です。そのために、かつては宗教に依存していたけれども、近代以降は国家がその役割を果たすことになりました。その結果、近代的市民はそれぞれが信仰を持っていたとしても、それを内面的なものにとどめ、第一に従うべきは国家であることを求められるようになります。そのプロセスの中で、犠牲は旧時代のものとして用済みにされたのではなく、国家のもとにむしろアップグレードされたと言えます。一言で言えば、国家のために命を捧げることは尊い行為だということです。この論理は戦争を行うためには絶対に必要なものです。つまり、近代国家の時代になっても、集団が犠牲を求めるという構造は、基本的に変わっていないと思います。

人類は「未来」をいつから信じ始めたのか

山極　犠牲の話はもうちょっと古くまでさかのぼれると思うんです。農耕牧畜が始まって、これは狩猟採集という生業史に比べて、ものすごく変化の激しい暮らしになったわけですね。飢饉も起こりますし、家畜に病気が蔓延する、子供が死んでしまう、あるいは、働き手がいなくなってしまうということが起こりうるわけです。そういう天変地異や、病気による脅威というものを鎮めるために犠牲というものをつくった。

その頃の人々の希望は、飢饉や天変地異という脅威をいかに小さくし、いかに安定した生活をおくるか、ということですから、そのために神に祈り、犠牲を捧げた。それがそもそもの始まりだと思います。

小原 犠牲の儀礼の始まりについては、そのとおりだと思います。農耕社会では雨が降るか降らないかは死活問題ですから、雨乞いの儀礼は重要な役割を果たしましたが、その際には様々な動物が犠牲として捧げられました。人類史的に見れば、動物供犠を中心とする儀礼こそが宗教そのものであったといってもよいほどに、それは長い歴史を有しています。天変地異や病気などは、人間の手に負えない脅威ですから、神的な力に祈願するしかありません。しかし、何も差し出すことなく、よい結果だけを期待するわけにはいかないので、犠牲を捧げたわけです。
　その意味で、犠牲の捧げものは、人間と神的な存在をつなぐ貴重な媒介でした。人身御供や動物供犠が野蛮な行為として否定されるようになった後も、尊いものを得るために犠牲を差し出すという構造は、宗教や国家という枠組みにかかわらず、続いています。近代国家の場合には、国のために命を投げうち犠牲となった英雄たちの物語を大切にし、帰るべき美しい過去を強調することもあります。

山極　ところが、いつの頃か、未来がもっとよくなるはずだという目標が生まれた。つまりこれが力につながっていくわけですが、今いろいろな改革をし、投資をすれば、未来がもっと豊かになるという希望が生まれてきた。それが人間を強く突き動かし、資本主義という右肩上がりの経済志向につながっていく。これは現代でも大きな原動力になっています。
　私の知り合いにサッチャー革命の時にイギリスからアメリカに移った学者がいるのですが、彼は定年になってまたヨーロッパに戻りました。彼の話によると、ヨーロッパには、人間の幸福というのは変化によってもたらされるのではなくて、安定によってもたらされるという信念が残っている。しかしアメリカは変わらなければよくならない、変えるということが人間の生き方なんだとみんな信じ込んでいる。ここがヨーロッパとアメリカの一番違うところで、彼は老境に入って、しんどくてもうアメリカにはついていけないと。若いときはいいけれど、ヨーロッパに戻って安定志向の文化の中でゆっくり暮らしたいと思ってヨーロッパに戻ったんだそうです。

同じキリスト教の文化の間でもそれだけの違いがあるんだなと思いました。つまり、アメリカのそれは宗教ではなく、まさに資本主義的な、未来にかけるみたいな精神によってもたらされたものだと思います。そういう精神はヨーロッパにもあると思うんですが、伝統的な安定志向とせめぎ合っている。今、変化によって豊かな未来を求める精神は日本でも経済優先の原動力になっているし、アベノミクスはそうだと思うんですよね。でも、いつ頃からこうなっていったんでしょうか。産業革命の頃だったのか、いつ頃だったのかなと思うんですよね。

第3章　暴走するＡＩの世界

資本主義化したキリスト教

小原　我々は「欧米」と言って、ヨーロッパとアメリカをひとまとめにしがちですが、同じようにキリスト教がベースになっていても、ヨーロッパとアメリカの考え方はかなり違う部分があると思います。ヨーロッパの場合には、国が違っていても共有できる共通の過去がありますが、アメリカの場合にはいろいろな国から移民がやって来て、共通の過去がないから、どうしても未来志向にならざるをえません。いわば、共通の未来をつくる場所としてアメリカは生まれているので、キリスト教の受容のされ方も、ヨーロッパとはかなり違います。

日本はアメリカとの付き合いが長いので、キリスト教を理解するにしても、アメリカを基準にしてしまいがちですが、アメリカのキリスト教は、強くアメリカに土着化したものです。きつい言い方をすると、それは成功哲学と結びついた、資本主義化したキリスト教です。アメリカのキリスト教は多様な教派的背景を持っていますので、すべてがそうだとは言いませんが、そうした特徴を色濃く持っています。

アメリカでは経済的に成功したことは、神が祝福してくれた証として理解され、信仰と経済的な成功が一体的に見られる傾向があります。アメリカはヨーロッパと比べるといまだに宗教性が高いですし、そのことと経済活動や科学の進歩とは矛盾しません。もちろん、進化論論争のような科学と宗教の対立はありますが、共通の未来を実現していくという意味では、社会全体として見ると、科学も経済も宗教も足並みそろえてやっているというところが、アメリカにはあります。

山極　科学と宗教の組み合わせのあり方もヨーロッパとアメリカで違うと思います。ヨーロッパ社会では科学と宗教は別々の役割を演じてきました。科学は常に未来志向ですよね。ですが宗教というのは非常に歴史性を重んじる。過去を見るわけです。

小原　ヨーロッパでは、特に一八世紀の啓蒙思想以降、科学と宗教は別々の道を歩んできました。科学が宗教から分離して、独り立ちしてきたと言ってもよいかもしれません。ヨーロッパの文脈で言えば、確かに科学を未来志向、宗教を歴史志向と分けて考えることはできるかもしれません。ヨーロッパ社会がいくら世俗化したといっても、自分たちの社会の歴史的根拠の重要部分にキリスト教があるという共通認識があります。一方、アメリカは社会全体として未来志向ですが、キリスト教信仰の中にも未来志向的な要素が組み込まれています。専門的な言葉では終末論と言いますが、世界の終わりを待望するクリスチャンがアメリカには、かなりの数いまず。その人たちは未来における救済という視点から、現在の生活を意味づけようとします。

歴史と哲学を重んじるヨーロッパの伝統

山極　科学技術は未来の可能性を提示するものだけど、生きる意味というのは宗教が与えてくれる、そういう役割分担がずっとなされてきたと思うんです。チャールズ・ダーウィンだって進化論を唱えながら神を信じていたわけですし、私たち日本人から見ると一見矛盾するようなことが、ヨーロッパには結構見られますよね。しかし、アメリカでは、宗教も科学も未来をずっと見続けてきた。それは、歴史的な根が薄弱だからですよね。水脈として、安定した文化をつくりえていない。だから、変わっていかないと発展がない、発展がなければ人間の未来はないというような考えが、宗教にも科学技術にもあったと思うのですが、私はそこをもう一度見直す必要があるのではないかと思っています。

話がそれますが、ヨーロッパの大学では哲学と歴史学は非常に重要で、そこから高等教育がつくられています。つまり、人々がエリートとして世に出て行くためには、その二つをきちんと身につけていかなくてはいけない。フランスは哲学が大事、イギリスは歴史学が大事ですし、ドイツは両方やっています。アメリカがどうかは知りませんが、日本は両方ともすごく軽視していますよね。これほど歴史の長い文化にあって、歴史というものをきちんと語り継ぐようなことはしていないし、なおかつ人々の生き方というのをきちんと教えるような哲学も、高等教育では軽視されている。これは本当に由々しき事態だと思っています。

アメリカのキリスト教については、時期的に見れば、アメリカが勃興した一七世紀、移民がどんどん北米に進出して、開拓していった時代における精神的バックグラウンドになったのがキリスト教であって、その時代にアメリカ独自のキリスト教の精神が築き上げられたのではないかと思います。

小原　そうですね。アメリカに渡ったピルグリム・ファーザーズたちも、もともとはヨーロッパの信仰を携えて行ったわけですが、信仰の種をアメリカという新しい土地に播いたので、そこから出てきた実りは、おのずとヨーロッパのものと違うものになったと思います。やはり国民共通の過去、共通の歴史がないということは決定的に大きくて、キリスト教信仰のレベルにおいても、極めて未来志向で、終末論への強い関心を持つことになりました。

今トランプ大統領を支えているクリスチャンたちは、とりわけ、その傾向を強く持っています。終末論は善悪二元論的な価値観とも結びつきやすいですし、また、トランプ政権がイスラエルを絶対的に支持しているという点も、すべて連動しています。

キリスト教の暴力性はなぜ生まれたか

山極　もう一つ、宗教というものはもともとは人の足元から始まった、それは本当にそうだと思うんですが、世界宗教になってしまったときに、その宗教の外にいる民族ないし、異宗教なるものをどうしても迫害してしまう。キリスト教にしてもイスラーム教にしても、仏教にしても、内にいる人間たちの道徳とか、相思相愛の倫理というのは徹底していて、それはそこでは非常に機能していると思うんですが、いったんその世界の外に出てしまうと、暴力が当たり前みたいなことになってしまうのは、一体なぜなんでしょうか。

小原　その最大の理由は、やはり宗教組織が力、特に政治的な力を持ってしまったからでしょう。そもそも政治的な力がなければ、組織的な暴力を引き起こすことはできませんからね。

山極　やっぱり。

小原　例えば、キリスト教の暴力性が大きく現れたのは、教会の権力と、ヨーロッパの帝国的な力とが結びつき、教会が世俗世界に対しても大きな影響力を持つようになったときです。十字軍の遠征などはその典型でしょう。また、ヨーロッパ列強による世界の植民地化が進められたとき、しばしば軍隊と宣教師がセットになってそれが行われました。そういう歴史的なプロセスの中で、キリスト教自体が暴力や戦争を肯定するようなイデオロギーを育てることになってしまいました。もちろん、そういった中でも、暴力行使はイエスの教えに反していると言って、抵抗した人たちはいました。少数派とはいえ、平和主義的な抵抗勢力が途絶えることなく存在してきたことも事実です。とはいえ、全体としては、いったん大きな権力と結びついてしまうと、そちらの方に引きずられてしまうことが多かったと言えるでしょう。キリスト教の中にもともと排他性や暴力性があったわけではなく、世俗的な力に引きずり込まれすぎた結果、自分たちの優位性を力でもって誇示する誘惑に勝てなくなったということなのだと思います。

価値の一元化とキリスト教の分裂

山極　ヨーロッパ列強による植民地支配では、あらゆる価値の一元化が起こっていたと思います。まさに、人々の価値観を非常に厳しく律しましたよね。つまり、倫理というのが宗教の持っている教義の一つですから、それに反するようなものは受け入れられないという形で、世界のグローバル化を目指していった。それは、今になって少し緩められてはいると思いますが、文化というのは地球のいろいろな風土に応じて長い時間をかけてつくり上げられて、人々の身になり、習慣になって息づいているもので、言語はその典型なのですが、でもだんだんとある時代から、宗教というのは一元化を目指した。

小原　それについては、それぞれの宗教に即して考える必要がありますが、キリスト教に関していうと、中世カトリックの時代まではそのとおりだと思います。教皇を中心とした一元化、さらには世俗権力にすら対峙できるほどの権力の一元化を目指していました。また中世までは、いわゆる異端論争も頻繁になされていました。教会内部の正統的な考え方に反するような考え方が出てくると断罪し、場合によっては外部へとはじき出します。内部的な一元化も目指したわけです。ところが同時に、そうした一元化のひずみが、中世には様々な形で現れてきて、教会が言っていることは、聖書が言っていることと違うのではないかという批判も内部から出てくるようになります。

それが大きな運動となったのが一六世紀の宗教改革です。宗教改革者ルターは当初、教会改革を求めたのであって、分裂を求めたのではありませんでしたが、異議申し立てのプロセスの中で、結果的にルターたちは新しいグループをつくっていくことになります。その後も、プロテスタント教会はどんどん枝分かれしていき、今では数え切れないほどの教派があります。教皇を中心としたカトリック的な一元化を否定した結果、分裂していくわけですが、これは表現を変えると多様化です。一元的な縛りの中にとどまるのがいやになれば、外に出て行くということも許されるようになったのは大きな変化ですね。

ルターの宗教改革は、行政改革という側面も持ち、領主たちと連携しながら進められましたが、その中で、領主に反抗的な農民を武力で弾圧するということも起こりました。しかし、それはおかしいということで、ルターのような主流派と袂を分かった、徹底した非暴力のキリスト教というのも、その時代に出てきています。

山極　そうですか。

小原　ええ。世俗的な権威に妥協しないということで、そのグループは宗教改革急進派と呼ばれていますが、そこからメノナイトやクエーカーといった非暴力を重視するグループも後に誕生し、日本には内村鑑三や新渡戸稲造を通じて、その思想が紹介されることになりました。キリスト教の場合、中世までは一元化への傾向が強く、しかもそこに暴力を伴うようなものもありましたが、それ以降の歴史では、一元化的な傾向だけでなく、多様化していく中で、より聖書に根ざした理念を求める人たちも出てきます。

しかし、平和主義や非暴力を掲げる集団はいつも傍流なんですよ。権力から遠ざかりますからね。その流れから、第一次世界大戦以降には、良心的兵役拒否をする人たちが出てきます。アメリカ国民として徴兵義務があることはわかっていても、宗教的な信念から、人を殺すことは絶対にできません、兵役に就くことはできませんと表明するわけですね。社会もまたそうした人々を認めるようになってきました。ですから、不可逆的に一元化の方向へ進んでいるのではなく、多くの宗教、とりわけ長い歴史を経た世界宗教は、一元化への傾向を持ちつつも、そのひずみが何度となく修復され、多様化しつつ、現在に至っていると言えます。

貨幣が宗教を追い越していった

山極　世界宗教と呼ばれる宗教は、最初は価値の一元化、倫理の一元化を目指して文化を取り込んでいき、それぞれが交じり合うこともあったと思いますが、いずれも大きな壁にぶつかってしまった。それを追い越していったのは経済のグローバル化だと思うんですよ。

小原　経済活動の拡大が宗教に及ぼした影響は、間違いなく大きいです。

山極　貨幣が、モノの流通が宗教を追い越していった。宗教の境界があるにもかかわらず、モノはどんどん交換され、貨幣は流通していった。だから、貨幣はユーロという統一を果たしましたが、言語までは変えられなかった。つまり、言語の一元化はできなかった。同様に、文化の一元化もなかなか起こりえない。なぜならば、言語や文化というものは身体化されたものだからです。一方、貨幣というのは、いうなれば幻想の価値観を一定のルールのもとに共有しているに過ぎない。ですからそれは普及しやすい。それによって、宗教の力がどんどん圧縮されて、経済の方が実は宗教としての力を持つようになってきている。

小原　経済は、共通ルールを最小化した宗教と言えるかもしれませんね。貨幣価値さえ共有すれば、価値の共同体が形成されるわけですから。近代以降の変化は人類にとってインパクトが大きく、グローバルな経済活動はその牽引力となりました。かつて宗教が担っていた広域ネットワークを、経済が引き受け、あるいは知のレベルでいうと、科学がそれを代替していったわけです。人類史の長きにわたって、雨が降らなければ神に祈るしかありませんでしたが、科学が発達してからは、雨が降るメカニズムや、地震が起こる仕組みなど、いろいろなことがわかってきましたから、人間はいまだ自然をコントロールできないにしても、神に頼んで雨を降らせてもらったり、天変地異を抑えてもらったりする必要がなくなってきました。ですから、経済や科学の近代以降の伸長が、かつての宗教の役割を代替している部分はあると思いますね。

山極　私は、科学は宗教と手を組むことをやめて、経済と手を組んだと思っています。

小原　なるほど。ガリレオやコペルニクスの時代でも、科学的な研究をするためには資金提供してくれるパトロンが不可欠でしたが、近代以降、科学研究のためには桁違いのお金が必要となりました。そうなると、科学が、口は出すがお金は出さない宗教と手を切って、経済と手を組むというのは、きわめて自然なことだと思います。とはいえ、科学や経済の時代になって宗教がなくなってしまったわけではなく、かつて宗教が担っていた各種の働きが、近代以降の様々な思想や社会的機能によって代替されていったと言えるでしょう。

「ヒューマニズム」の発明

山極　宗教に代わるものを、人間は特にヨーロッパでつくり出した。それがヒューマニズムなんですね。

小原　そうですね。ヒューマニズムは超越的な存在を前提としないという意味で、宗教に否定的ですが、ヨーロッパの伝統宗教であるキリスト教が持っていた人間観を、かなりの程度、引き継いでいると思います。

山極　ヒューマニズムは宗教のいわば一類型にすぎないから、人間は魂を持っているものというように扱ったわけです。つまり、人間の魂というのは他の人間にとって、いかようにも動かしえないものである。だからこそ、人間の自律性が保たれて、魂は誰の操作にも屈しないものであるからこそ、人間同士がお互いに自律したエージェントとして平等に対し合うべきだというのがヒューマニズムの原理なわけです。

しかし、現代はそれが崩れつつあるわけです。ヒューマニズムが経済と手を組み、個人の欲求が他人に侵されざる権利となっています。だからアメリカ憲法は人々が幸福を追求する権利があるということを認めているわけですね。日本の憲法もそうです。しかし、それが自律的なものではなくなりつつあるのが現代だと思います。ヒューマニズムの前提である、我々は外からは決して操作ができないものであり、人間の尊厳というのは、その人間独自の個別のことであって、他の人間には代替できないものであるというのが、我々が信じてきた近代法だと思います。それが、宗教に取って代わったからこそ、宗教の力が弱められ、それでも人間は生きる意味というのをきちんと確保することができた。

小原　宗教的伝統においては、魂が他者によって侵害されない人間の本質とされていましたが、それが近代以降、個人の尊厳という概念に引き継がれているというのは、そのとおりだと思います。

問題は、それが経済活動からどのような影響を受けているのかですね。日本の場合、とりわけ戦後は、経済的に右肩上がりになっていくことに、人々は満足感を得て、経済的な豊かさが生きる意義に直接つながっていました。経済的豊かさが尊厳の充足を与えた時代が確かにあったということです。ですが、現在のように経済的豊かさを存分に感じられなくなった時代では、そもそも生きる意味って何なんだ、という問いが自然と出てくることになります。現代社会は、人の生きる意味が一体どこにあるのかということを提示することはできません。もちろん、こうした問いは古くからあるもので、人間が生きる根拠や指針はいつの時代も模索されてきたわけですが。

人間中心主義のもとにある「孤立した人間理解」

山極　ヒューマニズムが台頭してきた時代、ジャン・ジャック・ルソーとかトマス・ホッブスとかいろいろな人がいますよね。それまで神の掟であったものを、神を排除して、人間の手によって自然な法が立ち上がってくるという仕組みをつくった人たちですよね。

小原　自然法や自然権は、近代法の基礎になっているという点で重要ですね。アメリカ独立宣言やフランス人権宣言にも影響を与えています。すべての人間は生まれながらにして自由で平等だという自然権思想は理念としては崇高ですが、歴史を振り返ると、その理念を実現するのは簡単ではないことがわかります。

山極　ルソーは失敗しましたが、でも相変わらず、例えば、人間は放っておけばいがみ合って、戦い合ってしまうから、法によって秩序をつくる必要があると言われていて、ただ、そのもとになっているのは、個々の人間は、個々の幸福を追求する権利があるという前提なんですよね。では幸福とはなんなのかといったら、もちろん物質的な欲もあるだろうし、生理的な快楽感もあるだろうし、いろんなものがあるかもしれないけれど、それはそれぞれ違っていて当然、だけれども、それぞれが権利を持った存在として法というものを考えなければならない、そういう話だと思うんです。

小原　ええ、そのとおりなのですが、問題なのは、宗教に取って代わったヒューマニズム、人間中心主義が、個としての人間に集中している点だと思います。人類史的には、集団や、人とのつながりの中で、人がどう生きるかということを考え、ルール化してきたわけですが、ヒューマニズムは、私という個がどのように幸福を追求できるのかという点に集中しています。つまり、集団とは分離した個としての人間に焦点を当てる、孤立した人間理解がヒューマニズムの中核にあると思います。

山極　そのとおりですね。

小原　そうなってしまうと、長い進化の中で人間が獲得してきた社会力は余分なものとして括弧の中に入れられてしまいます。他の人がどうであれ、この私が幸福になれればいいのだという考えは、ヒューマニズムが行き着いた先の一つだと思います。

欲望を放置する利己主義

山極　そもそも、個人主義というのは、個人の利得感情だけで成立しているのではなく、市民社会を構成する一個人として、義務と権利を行使するというのが前提になっていると思うんですが、それがだんだんと変な解釈になってきて、個人主義が利己主義になっていると思います。まさにそれが新自由主義だと思うんですよ。

小原　そうですね、そう思います。

山極　個人の利己主義を放っておく、ということですよね。

小原　ルソーの時代には、単なる個ではなく、個と個がどのようにして適切な関係に位置付けられるのかを考えて、社会契約説などが出てきました。ところが、今は、そうした議論の前提が軽視され、個人主義から利己主義にシフトしてきているのだと思います。また、利己主義をさらに煽るものとして、インターネットや消費主義的な環境がありますので、利己主義をとどめるのは至難の業ですね。かつて宗教は、人間の欲望の方向や心のありさまを観察して、どう生きるべきかを教えてきました。

ところが、資本主義的な経済原理の中では、我々は欲望を駆り立てられ、どんな商品を買ったらいいかをビッグデータやAIにより丁寧に教えられることはあっても、どう生きるべきかには、なかなかたどり着くことができないでいます。

山極　しかも一番問題なのは、個人が解体されようとしていることだと思います。これは今に始まったことではありませんが、二〇世紀の中頃に、すべての生命はDNAの遺伝情報によってつくられているということを生物学が宣言して以来、すべての生物は神がつくったものではなく、四種類の塩基の組み合わせの違いによってつくられていて、四種の塩基の組み合わせが自然環境との対応関係によって選択され、出来上がってきたものだということになってきた。そこで個人という主体が、薄れ始めたと思います。

小原　なるほど。個人は英語でインディビジュアル（individual）、つまり、これ以上分割できないものという原義を持っていますが、遺伝学が発達した現代においては、個人もDNAレベルにまで分割されるということですね。

山極　つまり、個々の違いはアルゴリズムの違いである。それは外から操作可能となる。それがまさに今の生命科学です。

小原　ゲノム編集など、まさにそうですね。人間のゲノムすら編集可能、操作可能な時代に我々は足を踏み入れています。

解体される人間と魂の問題

山極　そういうことの起源をたどれば、農耕牧畜の頃に、人間の都合で栽培品種や家畜動物を生み出すということが始められた頃にさかのぼることができると思います。しかし、工学的に遺伝子そのものをいじることによって、新しい生命をつくるということが可能になり始めた。これはとんでもない時代なんですよ。

小原　そうですね、そういう意味ではとんでもない時代に違いありませんが、同時に、自然を管理し、改良したいという人間の欲求は、何万年も昔から続いているほど大きいものだということですね。

山極　しかし、遺伝子を操作することによってつくり出したものというのは、自然選択を経ていませんから、とんでもない能力を発揮してしまうかもしれないわけです。例えばそれを人間に適用したら、人間の身体や心における大きな格差をつくることになりかねないわけですよね。

小原　ＳＦの世界では、遺伝的に強化された人類と、そうでない人類が住む、遺伝格差社会を描いているものがあります。しかし、今やそれもＳＦの世界とばかり言ってられませんね。

山極　また、人間が解体されつつあるというのは、何も遺伝情報に限った話ではなくて、人間はもう部品として考えられつつありますよね。例えば、肝臓の疾患であれば、肝臓だけ他の事例と比べられて、その肝臓の治療法というのが適用されるわけですよね。もちろん、他の臓器の状況にも合わせてつくられますが、医療の世界では人間というのはすべて部品に分かれていることになっています。そうなると、では個人はどこにいるのか。個人の魂はどこにあるのかということですよね。

小原　確かに、身体のパーツ化はどんどん進んでいると思います。京都大学はｉＰＳ細胞で血小板までつくろうとしていますから、身体のパーツ化の中心になっていると思います。そこで研究に関わっておられる方々には、難病などで苦しんでいる人たちに新しい治療の道を拓きたいという、極めて人道的な動機づけもあると思います。

人がより健康で生きたい、長生きしたいという欲求自体は太古の昔からありました。そして、その欲求は宗教と密接に結びついてきたわけですが、多くの宗教が健康や長寿を祈願するだけでなく、生きとし生けるものはすべて死すべき存在であるということを教え、生に過度に執着することに対する歯止めの役割も果たしてきました。それに対し、現代の医学研究は、基本的に、人間の欲求を最大限叶えることを目指していますから、不老不死でさえ、可能なら目指すに違いないと思います。

「ホモ・デウス」、人間から神へのアップグレード

山極　さきほど紹介されたハラリの新刊『ホモ・デウス』にこう書いてありました。これまで人間を苦しめてきた三つの障害は、飢餓と疾病と戦争だと。

小原　確かに人類史の中でその三つは、人間の小さな力では、いかんともしがたい強大な障害でしたから、その指摘は十分納得できます。

山極　しかし、二一世紀になって、科学技術、あるいはグローバル化がそれを解決しつつあると。そして、人間が必然的に未来に志向するものにはやはり三つあると。一つは今おっしゃった不死の身体、もう一つは、すでに手にしつつある神の手。神の手というのは、生物を管理し、新たな生命をつくり出すこと。もう一つは幸福の追求。幸福の追求ほど不確かなものはないですよね。また、不死というのもすごい問題で、両方とも宗教にすごく絡みます。人間が他の動物といくら連続した存在であると言ったとしても、死をきちんと意識して、死からさかのぼって今の生活をつくり上げていくというのは人間しかないと思います。

小原　そして彼は、その三つの障害を人類は克服して、人が自らを神にアップグレードしていく近未来社会を描いています。

山極　そうですね。

小原　だから「ホモ・デウス」、神のヒトなわけです。既存の宗教を克服し、用済みにした後に、人が自らを神としようとする未来図は、皮肉がきいていますね。この皮肉なパラドックスをどう読み解くべきかを考えると、科学が期せずして、宗教の役割を果たすことになると言えるかもしれません。少なくともハラリは、科学の進歩の結果、人が自らを神へとアップグレードする未来を予測していますね。

ＡＩは人間を「排除」する

山極　そのときに非常に重要なのは、意識と知能というものが、どんどん離れた存在になりつつあるということだと思います。意識は身体に宿っている。そしてもちろん人間には両方あるんだけれども、ＡＩやロボットをつくる上では意識は考えなくていい。知能をどんどんアップグレードしていけばいいと、そういうことを今、すでにデータイズムの社会でやっているわけです。

人間というのは両方を持っていて、しかし、科学技術はこれまで知能の増大だけを図ってきたわけです。知識を蓄積し、その蓄積の中から創造的なものを生み出すことをやってきたわけです。ところが、意識の増大というのは図ってこられませんでした。意識というのは身体性に裏付けられていますから、人間の身体を離れることができない。それをずっと重石をつけて世界にとどめてきたのは宗教ですね。それが力を失い、知能の方ばっかり拡大していくと、やっぱり世界が変わってしまうという気がどうしてもしてしまうんですね。

小原　そこで問題になるのは、ＡＩの今後ということだと思います。ＡＩを強化する努力は長く続けられてきましたが、人間がアルゴリズムを与えて処理能力を高めているのは他律型ＡＩです。プログラマーが特定の目的のためにプログラミングして、ディープラーニングなどで知能を高めていきます。ところが、カーツ・ワイルらが予想しているシンギュラリティ（技術的特異点）以降のＡＩは、このような機能を特化したＡＩではなく、自律型ＡＩ、汎用型ＡＩと言われるものです。汎用型ＡＩは知能だけではなく、自分自身で判断する意識や感情も持つと考えられています。つまり、人と同じように、単に知的な判断をするだけでなく、何かをおもしろいと思ったり、美しいと思ったり、さらには文学作品や芸術作品をつくることのできるような汎用型ＡＩが誕生するのではないかということです。

山極　そうなると、あまり想像したくありませんが、ＡＩは人間を排除するんじゃないですか。

小原　その可能性はすでに議論されています。ＡＩやロボットが人間を支配する世界は、ＳＦの定番ですが、そういう世界も少しずつ現実味を帯びてきているということでしょうね。私自身は、汎用型ＡＩはそれほど簡単にできるとは思いませんが。

山極　ただ、人工知能が拡大していって、もちろん意識も拡大されると、いずれそれが資本主義と手を組んで、マーケットの論理がどんどん支配的になっていくと思います。マーケットの論理というのは効率化と利益ですから、そこには人間性と相関するものがたくさん含まれていると思うのです。私が非常に危険視しているのは、ＡＩを使って人間を評価することです。これはものすごく危ないことだと思います。

小原　しかし、ＡＩを使った人間評価はすでに始まっていますよね。人事の際にＡＩを使って選考したり、結婚サイトのマッチングにＡＩが使われたりしています。

こうした利用は今後、拡大していくでしょう。

山極　そのとおり、もう始まっています。最近『あなたを支配し、社会を破壊する、ＡＩ・ビッグデータの罠』（キャシー・オニール著）という本が出ました。著者はハーバード大学の数学を出て、バーナードカレッジの教授になったのかな。その時にリーマンショックに出会って、いかに数学が立てた予想が当たらないものであるかということに目覚めるわけです。あれはものすごく人々を不幸にしましたよね。サブプライムローンというものを駆使して人々を騙したわけですが、あれには数学が使われたわけです。そこで数学は破壊的な力を持つんだということを自覚して、今はその負の影響を減らすようなNGOで活躍している人です。その本の中で私がおもしろいなと思ったのは、アメリカではAIというか、数学的な指標を使って学校の教師を評価するということをずいぶん前からやっていたんだそうです。そしてそれは、大失敗したと。

AIが人間を評価する愚

小原　失敗の教訓から学ぶべきでしょうね。日本では、数学的な指標による評価まではしていないかもしれませんが、生徒の学力テストの結果を教師の給与に反映させるという方針が、ある自治体から出されて、議論が紛糾しました。アメリカでの例は、何か根本的なところで勘違いしているような気がしますが。

山極　その評価は、教師に数学的な指標でネガティブポイントを付けていって、成績の悪い者を追い出すことが目的だったわけです。生徒の成績が伸びた、あるいは、生徒が卒業後に成功したかどうか、そういうことを調べてポイントを付けていったんですが、しかし、成績が伸びたかどうかというのは、そもそも初期値に依存するわけです。初期値がよければ成績は伸びないし、初期値が悪ければ成績が伸びたといって教師の評価があがる。そうやって入口と出口だけを比べた結果、生徒からの信頼が厚く、人気の高かった先生が職を失うという結果になってしまった。

もう一つは、いろいろなデータを集めて人物を評価するときに、この人は将来こういうことをするかもしれないという未来のことまで評価するわけですが、その際、その人と似たような人の過去のデータを全部集めてきて、確率を出す。これが数学的手法ですが、そうすると、その人と同じ町の出身者に犯罪者が多ければ、この人は犯罪を犯す確率が高いという話になってしまう。そこには倫理だとか、人間性を考慮する思考能力は欠けているわけです。

つまり、ＡＩというのはあくまでデータを集めて処理をする検索エンジンであって、そこに全体的な思考とか、この人間が例えば多くの失敗を重ねてきたかもしれないけど、ひょっとしたらブレークスルーにつながるような成功を収める可能性があるということは見抜けないわけです。数学的思考は確率しか問題にしていませんから。そうすると、我々がこれまで歴史的にやってきた「人間を評価する」という視点は消えてしまうんですね。例えば恋愛にしても、もう目いっぱい嫌いなんだけど、ちょっとだけいいところがあったから付き合ってみようかとか、むちゃくちゃいい人なんだけど、ここだけは許せないというので離婚してしまうというようなことは、人間の世界ではよくあるんですが、そういうものを失ってしまうと、人間は確率論に左右されてしまう。投資ビジネス、期待値ビジネスというのがありますが、人間同士が付き合うときも、これは自分の利益を高めてくれる可能性が高い人間だから付き合おうといった傾向が強まるのではないか、それは本当に人間と言えるのかと。

小原　確率論を中心に人間を評価するようになると、他者との付き合いは、きわめて打算的なものになりそうですね。ただ、この問題は近い将来起こるというより、すでに起こっていると思います。統計的な処理は、過去のデータに基づいて一定の評価をしているので、それ自体は客観性のあるアルゴリズムだと思います。しかし、人間、さらに言えば、すべての生物は生きていく中で、いつでも偶然性にさらされています。刻々と変化する環境の中で、どのように生きのびていくかを模索し、生物は進化してきたと思います。外部環境の変化は数学的に推論できる部分もありますが、偶然性を完全に排除することはできません。

宗教が注目してきたのはその点です。人の生が、あるとき、富に恵まれ、幸せに満たされていたとしても、明日死ぬかもしれません。そういう人生のはかなさや、移ろいやすさ、そして、我々の生そのものが、推論も制御もできない根源的な偶然性にさらされているということに対し、どのように向き合ったらいいのかを考え、いろいろな知恵が出されてきたのだと思います。人間の浅はかな知恵で先々をすべて推測し、こうすれば人生成功するなんていうことは簡単には言えません。しかし、そういった偶然性に対する耐性や、偶然性を受容する力を現代人はかなり失っているような気がします。

第4章　ゴリラに学べ！

今西錦司と西田幾多郎

山極　最近私は、さきほど紹介した今西錦司先生の自然学というものに少し目を開かれているのですが、今西先生が一九四一年に書いた『生物の世界』という本を見直してみると、これは西田哲学の影響を非常に受けていて、両方とも直観という言葉をよく使っています。今西先生は、直観と類推というものが生物の生き方そのものだと言っています。つまり、主体性を持っているというのが生物の本質であると言っている。

小原　今西錦司が西田哲学の影響を受けているとは、おもしろいですね。

山極　西田幾多郎は、行為的直観ということをよく口にしますが、この行為的直観というのは、もともと空間と時間は別の秩序を表すものであって、今の自然科学で人間を表そうとすると、別々の形で表すしかない。しかし、それを直観によって感じることができるのが、人間であり、生命であると言っているわけです。

西田は「即」という語をよく使います。機能即構造、一即多、多即一などですが、まさにここに重要なことが含まれていると思います。生物は動きの中にいるわけです。動きが感じられるというところに生命の本質がある。だから、鴨長明じゃないですが、ゆく川の流れは絶えずして、しかももとの水にあらずだとか、そういう表現が大事だというわけです。生物というのは自分一人では流れを感じることはできない。他の生物と共存していたり、他の生物、あるいは、人間に同調していたりする中で、生命感を得られるところがあるんだと思うんですね。それを我々人間は直観と言い、行為によって直観というものを具体化してきた。しかし、自然科学というものは、簡単に言えば時間を空間化して、つまり視覚化して提示する方法を開発してきたわけです。

最初の方で申し上げたように、人間というのは視覚優位の世界に住んでいますから、まず視覚で真実を見極めるということをやるわけです。つまり、時間的な流れは空間化しないと感じることができないわけですね。前にいた、あった自分というのは、写真によって前の自分の姿を映し出されることによって、あ、前はこんな姿形をしていたんだなと納得する。つまりそれが空間にならないと、時間の経過というのはわからないわけです。それが人間の持っている五感の性質なんですが、その中で、しかし時間というものを実は我々は感じながら生きている。その大きな証拠は、我々が未来を常に予測しながら、動いているというところです。こうやって話をしているときでも、無意識のうちに未来を予測しながら、相手の反応を見ながら、あるいは自分の言っている言葉を頭の中で感じながら、行為している。その行為を今西先生は主体性と呼んだわけですが、そういうものがＡＩ、あるいはロボットという、無機的なデータイズムの中に捕らえられてしまうと、失われてしまうのではないかと。

小原　一瞬もとどまることなく変化し続ける環境の中で、次の状態を予測するというのは非常に難しいことですが、それを可能にする直観なしに生物は生き残ることができませんよね。どのような生物も環境との相互作用の中で自己認識し、その意味で主体性を持っていますが、ＡＩの場合には、厳密に定義されたアルゴリズムがなければ動作できません。身体を持たないＡＩから主体性が出てくるかどうか、かなり疑問です。素人ながら、私が汎用型ＡＩの誕生に懐疑的なのは、こうした点に理由があります。

キリスト教神学の世界では、主体性という言葉に関連して、自由意志が論じられてきました。人間には自由意志があるのかどうかということです。五世紀にはアウグスティヌスがその問題を論じていましたし、一六世紀の宗教改革の際には、エラスムスが『自由意志論』を、ルターが『奴隷意志論』を著して、両者は激論を交わしました。キリスト教の伝統的な言い方をすると、人間は原罪を負っているので、正しいことを思っても、それを実践する力を持たず、神の恩寵によってしか正しいことをなし得ない、ということになります。

我々は、すべて自分が自由に意志決定しているように思っていますが、脳科学などは、それが脳内の生化学的な反応に影響を受けていることを明らかにしていますし、すべての環境条件から独立した、純粋な意味での自由意志があるかどうかは科学の視点から見ても疑わしくなっています。とはいえ、生物が生きていくためには、直観や主体性が重要な役割を果たしています。ところが、現代社会の中では統計やAIが先々を予測してくれますから、人間にとっては、直観を育む機会がどんどん失われているように思います。

人間が「ルール化されたロボット」になる日

山極　この問題を具体的にいうと、ルールの存在です。今はルールが非常に細密化していて、守らなくてはならないルールが網の目のように、がんじがらめに我々の生活の中に張り巡らされています。それをただ守ればいいんですというようなことを、我々は与えられているわけですね。つまり、自分自身の直観によって、何か起こるかもしれない、これちょっとやばいなという気持ちを感じることなしに、ルールだけを見ていけばいい。特に、我々はスマホなどといった形で、頭の中の知識を外付けにして、データを持ち歩いているわけです。我々は街中でナビゲーションの地図を見て、あなたが行く方向はこちらですよと決められて、じゃあこういうふうに行くかと、そうなりつつありますよね。

そうすると、お天道様を見て、車の流れを見て、人の流れを見て、建物のあり方を見て、あ、こっちだなと思って行くとか、あるいは人に聞くというような、直観力を働かせながら自然と付き合い、読み解いていく、また、人間関係を頭の中に、あるいは身体に取り入れていくことをしなくて済むようになっていく。だから、ロボットあるいはAIという、人間にとって便利なものをつくればつくるほど、人間はそっちの世界に行ってしまう。つまり、人間という生の身体や心が失われて、ルール化されたロボットのような存在になっていきはしないかと思うんです。

小原　そこはすごく大事なところですね。人間とロボット、あるいはAIとの決定的な違いは身体性の有無だと思います。すべての生物が外界の情報と絶えずやり取りしながら、自分の次のふるまいを決めるわけですよね。それは身体があるからこそ、五感というセンサーによって情報を取り込み、意識にフィードバックし、意識を構築していくわけです。身体性があってこそ意識は生まれるものなので、身体的な経験を持たないAIやロボットが意識を持ちうるのかという根本的な疑問があります。

しかし、おもしろいことに、人間は意識を持たないモノに意識や魂のようなものを感じることがあります。動物に畏怖の念を感じ、擬人化するのは同じ生き物なのでまだわかりやすいですが、日本の例をあげると『百鬼夜行絵巻』などでは、身近なモノが擬人化されて描かれています。そこでは、草履や楽器の琵琶や琴などに目や手足が描かれ、躍動感豊かな様子が描写されています。人間以外のものを擬人的にとらえるのは、日本文化のユニークな一面だと思います。おそらく、身近に使っている道具は身体の延長と見なされ、そこに魂のようなものを感じ取ったのかもしれません。針や人形も、モノに過ぎませんが、愛着あるモノには魂の存在を感じ取り、簡単に捨てることができないので、供養の対象とされてきました。

山極　西田も今西先生も、デカルトの言う、「我思う、故に我あり」という言葉を否定しています。今西先生はあえて、「我感ずる、故に我あり」と言っていますし、西田は、身体があってこそ自分というものがあるわけで、自分があるというところから自分を見ているわけではない。つまり、自分の目で自分を見ることはできないから、自分の目で自分が見ているという現象を見ることはできないことを言っているわけです。

それについて今西先生は具体例を出していて、熱いと感じるのは、身体が感じるから熱いわけであって、自分というものがあって熱いと感じるから身体が反応するわけではないと。しかし、西洋の自然科学というのは、さきほどのプラトンのイデア、つまり、人間の身体の外に自分というものがあって、その自分の自己というものから自分を見ようとしたわけですよね。それが客観性というもの、西田はこれを客観即主観、主観即客観と呼んだわけだけれども、客観的に自分を眺められる自分というのは存在しないと言っています。それは分けられるものではないと。

小原　確かに、自分自身をどのような視点から眺めようとするか、その視点の違いは、大きいですね。

山極　ええ。ですから、そこから自然科学の限界というのは出てくる。自然科学はあえてモノをつくり出すことによって、モノから自分を投影しようとするやり方ですよね。その視点から生命の本質は描けるのか。私は生きる意味と抽象化して言いましたけど、自然科学のもたらすそれは、すでに限界に達しているのではないかと思うんですよね。

身体なきリアリティの幻想

小原　もう一度、身体性について考えてみたいと思います。人間は五感の中でも特に視覚を拡張し、視覚中心で生きてきたと言われましたが、ジャングルにいるとき、つまり二足歩行する前には、四足歩行で、場合によっては地に這いつくばったり、木の上で匂いを嗅いだり、あるいは触覚をフル活用しながら生きのびてきたわけですよね。人間は今でも、そういう五感の基本的な機能は持っていますが、二足歩行するようになってからは空間認識を拡張し、視覚を中心とした認識世界を持つようになりました。そして、その傾向は現代になればなるほど、一層強くなるわけです。

今、日常生活の中で、真剣に触るものといえば、もっぱらスマホだけという人も少なくありませんし、匂いを嗅ぎ分けるようなこともしません。結果的に、視覚以外の五感については機能が低下しているでしょう。しかし、人間の生きる意味は、ずばり言うと、人間の身体性と密接に関係していると私は考えています。抽象的な意識の問題ではなく、やはり体を通じて、五感というインターフェイスを通じて、この世界をどのように感じるのか、そして、その中に自分が存在しているということをどのように認識するのか、という試行錯誤の中で、初めて生きる意味というものを感じられるようになると思います。ですから、外界との身体的なやり取りなしに、自分の頭の中だけで、私の人生の目的は何なのか、自分は何者なのかというようなことを悶々と考えたところで、体にぐっとくる答えは出てこないと思いますね。

これは教育にも関わる大事な問いですが、視覚依存的な今の人間形成、あるいは社会の形成がすでにあり、それが今後一層、ＩＴ技術などによって加速されていくとすれば、本当にこのまま進んでいってよいのでしょうか。今の教育も視覚中心の認識世界をベースにして成り立っています。人間が持っているすべての五感や身体能力を全体として発揮させて、生きる意味を充足させてくれるような教育は、多くはないと思います。我々が視覚に過度に依存し、極めていびつな形で身体を使っている現在の状態を、このまま拡大していくことに危うさを感じます。

その問題を宗教の視点から考えることもできます。宗教には、教義など、いわば知的なレベルの要素もありますが、一方で身体作法が重視されています。例えば神社であれば、手と口を水で清める作法がありますし、仏教寺院ではお香の香りを胸いっぱいに吸い込むことによって、非日常の感覚を持つことができます。それぞれの宗教が多かれ少なかれ、伝統を文書としてだけでなく、身体作法として継承しています。特定の儀礼を繰り返すことによって、大事なことを体におぼえさせるということですね。ところが、現代の都会生活の中では、そういった要素は日常的にはほぼ失われています。

我々がやりとりする情報はまさに視覚情報であり、電子的な情報が中心になっていますから、身体性など、なくてもよいかのように軽視されています。むしろ、身体性を感じないで済む、そこから解放された世界こそ望ましいという傾向の方が強いと思いますが、その点についてどう思いますか。

山極　私は「ゴリラに学べ！」と言っています。なぜかというと、ゴリラの生きる意味というのは、仲間からの期待、仲間との関係にあると思うからです。

ゴリラは非常に自己主張の強い動物なんですが、適切な自己主張というのは実は非常に難しくて、主張しすぎれば仲間から反感を買うけれど、自己主張しなければ仲間から認めてもらえない。ですから、ゴリラは相手によってそれを使い分けて、仲間と付き合う方法を、生まれてからずっと身体を通じて学んでいくわけです。それが彼らの生きる幸福につながっていくんだと思います。一方で今の人間というのは、例えばドローンで自分の身体を映して、自分の行為をあらゆる角度から見ることが可能なんですよ。例えば自分という人間を見ている人たちの表情や、批判、そういうものをすべてデータとして集めることも可能です。しかし、それは直観的に感じられるものではありませんよね。それは時間を空間化して、データ化して眺められる情報に過ぎません。

つまり、我々は今、直観によって生きているのではなくて、情報によって生きつつあるわけです。昔は生身の身体で、あるいは生の経験から生じた物語を生きていた。私は宗教もその一つだと思いますが、そうやって成り立っていた。だから、生の現実にすぐ転換できたわけです。ですから、物語がその人の生きる意味にもなり、その人が他の人間や他の生物たちと付き合う根拠になりうる。しかし、今のバーチャルな世界というのは情報ですから、いくらでも操作できるわけです。生の現実と合わなくなっているわけですね。だから、例えばインターネットの中で何万人もの人を殺すことも可能だろうし、おじいさんが少女のようにふるまうことも可能なわけです。

では、はたしてそれが本当に人間の自由度を広げたのかというと、その中で自分というものが解体してしまっているんだと思います。ある時は殺人兵器になって、生の現実における倫理を犯し、ある時は老人が少女になるなど、生の現実にはありえないことをインターネットの世界でやってしまう。それはそれで可能性を広げることになったかもしれないけど、生の現実に対する影響があまりにも強すぎる。相互交換不能になっているわけです。人間は物語によって生きる意味を見出すことに強くこだわる歴史を背負ってきました。そうすると、生の現実よりもネットの中の非現実の方がリアリティを持ってしまうかもしれないわけですね。

生の身体行動からしか得られないもの

小原　そういう逆転現象は、すでに起きているように思いますね。

人類はその最初からバーチャルなものを求めていますから、その特性そのものを悪いとは思いません。ライオンマンの彫刻をつくった時代、人間は虚構をつくり出す力をすでに持っており、この世に存在しないものをつくったり、描いたりすることによって、現実の中に目に見えない存在を顕現させることができました。バーチャルなものを思考する強力な能力を人間ははるか昔から持っていたわけです。しかし、そのような人間も、自分たちの意のままにならない圧倒的な自然の力の前で身体を駆使して生きなければなりませんでした。言い換えれば、人間はリアルな現実に身体的な根を下ろし、そこからバーチャルな世界に飛び立っていたわけです。

現代において心配なのは、人間がリアルとバーチャルの間を行ったり来たりする身体バランスを失い、インターネットのようなバーチャル世界に自分好みの情報空間をつくって安住し、猥雑で予測不可能な現実と向き合う機会が減っていることです。

山極　そこが一番の問題ではないかと思うんです。今我々が大学人として学生たちに何を教えたらいいのかといえば、それは、生の現実にきちんと根を生やすことだと思います。人間は物語をつくり、物語の中に生きるという自由を持っているかもしれないが、それを常に生の現実の中に結びつけて、考えなければいけないわけですよね。

小原　そのとおりだと思います。ところで「ゴリラに学べ！」というのは、具体的にどのようなことを考えておられますか。

山極　それは、自分の行為が他者にどう映っているのかというのを、常に直観的に判断できるようになれということです。

私はグローバルな人材というところにいくつか指標を掲げていて、その中で一番重要なのは自己判断が可能なこと。そして、アイデンティティを持つこと。危機判断ができること。それから他者を感動させること。この四つが必要だと思うんですね。これらはまさに、生の身体行動をしないと、できないことだと思います。

小原　その四つの指標は明快で説得力がありますね。生の身体行動がそれらの大前提ということですが、現実には、情報社会の中で人間は情報処理装置のようになっています。情報を与えられ、そしてそれをいかに効率よく正確に処理できるかという点で、人間の価値が評価されるような感じです。入試も基本的には同じだと思います。問いが与えられて、それに対し限られた時間の中で正確な答えをたくさん出した人が、高い点数を与えられて、立派な人間だと判断されるわけですから。ですから、情報処理装置としての人間づくりを、社会全体でやっているような気もするんですよ。

スマホ・ラマダーンで、データから脱出せよ！

山極　ただ、情報というのは処理も操作もできるけど、閉じ込めることはできません。情報は勝手に広がってしまいます。フェイクニュースがそうであるように、いったん現れた情報を取り除くことはできない。となると、人間が情報に使われてしまう結果になる。情報社会の一番恐ろしいところは、情報が無限に膨らんで、情報が人間を使っていくようになる。人間が情報の奴隷になるということですよね。

小原　多かれ少なかれ、もう我々はそういう状態になっていると思います。しかし、それを自覚してその中にいるか、自覚すらしていないのか、では大違いだと思います。ですから、情報にどっぷり浸かる中で情報の奴隷になっているかもしれないということを、外部から批判的に対象化してくれるような視点がどこかにありはしないかと考えるわけです。

私は、自然の中にある情報こそが、その外部的な視点ではないかと思います。人間は、長い間、自然界と様々な情報を直観的にやりとりしながら、自分はどのように生きるべきかを考えてきました。しかし、現代において情報というと、第一義的にはインターネットやSNSで溢れているようなデジタル情報ですよね。そういう情報の中だけに人間が放り込まれてしまうと、極めて主観的になり、そして情報の一部となって、その中に埋没したり、奴隷化されていくことにもなりかねません。しかし、そういう構造がすでに現代社会の中心を占めています。であるからこそ、その構造を外部から批判的に見せてくれるような視点が必要であり、その一つはやはり、人間の意のままにならない自然とやりとりする経験を持つことだと思います。

山極　おっしゃるとおり。

小原　デジタルデータは、基本的に人間の意のままに制御可能です。しかし、自然界の現象は人間の予測を裏切るし、人間の意のままにならない。そこで人間の意のままにならないことがあるということを知り、それを経験することは、情報社会の中で解毒剤の役割を果たすのではないかと思います。

山極　そうですね。うちの学生がある時、私たちはスマホ・ラマダーン（スマホ断食）をやろうとしているんですという発言をしてくれたので、お、いいなと言ったんですね。私は「データから脱出せよ」と言っているんですが、脱出するためにはデータを利用できない自然に入っていく。自然というのは二度と繰り返さない世界な上に、一〇〇％予測できない。次から次に予測不能なことが降りかかってくる。それを感じられる感性を持たなくてはいけません。その時に自分が持っているデータは何の役にも立たない。経験は役に立つかもしれないけど、それは無意識のうちに反応するわけであって、常に自覚的に自分の身体をデータとして利用できる存在ではないわけですね。身体があってこその人間であり、意識というのは身体と切り離せない。それを自覚することが重要だと思います。

なぜ宗教に「断食」があるのか

小原　スマホ・ラマダーンというのはなかなかおもしろい発想ですね。それに対しては宗教学的にいろいろな解釈ができそうです。そもそもラマダーンとは何かというと、ムスリムにとっての断食月のことですが、ラマダーン月の一か月、日中飲食を絶ち、禁欲的な生活をします。それは信仰を見直す期間ですが、断食することによって、人間というのは食わずして生きていけない存在であることを徹底して認識させられることにもなります。

山極　なるほど、逆ですね。

小原　そうなんです。断食では、食べなくても生きられる、ではなく、食べないと生きられないという端的な事実に立ち返ることになります。食べて当たり前、飲んで当たり前の現代では、お金さえ出せば鶏肉でも牛肉でも豚肉でも簡単に手に入るわけですが、これは人類史的には極めて特殊な時代です。

そういう当たり前さに私たちは慣れ切ってしまっているので、それが決して当たり前ではないことを知るのは簡単ではありません。しかし、世界中のムスリムの人たちはラマダーン月に、人間は食べ物なしには生きていけない脆弱な存在であることを経験するわけです。ムスリムにとっては食べ物を与え、人を生かすのは神ですから、それが信仰を強めることにもつながります。また、信仰者同士が同じ苦しい経験をすることによって、連帯意識を新たにするという効果もあります。そういう意味では、スマホを絶つことによって、我々がスマホにいかに依存しているかを自覚できるという点で、スマホ・ラマダーンにはラマダーン月の断食と同じような効果がありますね。

ＩＴ機器から距離を置き、デジタルな毒を抜くことは、一般的にデジタル・デトックスと呼ばれています。絶えずデジタルな世界とつながっている日常からアンプラグして抜け出し、それでも私がどのように成り立っているのかを考えることは、アイデンティティを確かにするという点にもつながっていくと思います。デジタルに依存して成り立っている自分は、非常に優れた情報処理能力者かもしれないが、それを切り離した時に成り立つ私は何者かを見極めるのは価値のあることです。聖書の伝統には、すべての労働を禁止する安息日がありますが、私はそれとデジタル・デトックスを関係づけて、e安息日と言っています。eは言うまでもなく電子的という意味ですが、e安息日は電子的なものから離れて休息するということになります。

山極　なるほど、electric 安息日。スマホ・ラマダーンとよく似ている。

小原　ええ。ユダヤ人にとって安息日は非常に重要なものです。安息日は神からの戒め、命令として聖書に記されています。人間は日々労働しないと生きていけません。それゆえに、労働の大変さの中で、大事なことを結構忘れてしまいます。そこで、ユダヤ人たちは一週間の中で決められた一日、すなわち、安息日に一切の労働を絶つことによって、本当に大事なことは一体何なのかを思い起こすようにしたと言えます。そもそも自分たちがここにいるのはなぜなのか。それは神が預言者モーセを遣わし、エジプトの地からイスラエルの民を救い出してくれたからだ、ということを安息日に思い起こします。

日常の中で忘れてしまっている大事なことにあらためて意識を向けることによっ

て、自分のアイデンティティを取り戻すわけです。日常の雑事の中で、本来の自分の姿は底の方に沈んでしまっています。安息日は、一切の労働を絶って、沈んで見えなくなっている自分をすくいあげる日であると言えるでしょう。我々は普段デジタルデータに囲まれ、情報の海の中で、本来の自分の姿を見失いがちです。デジタルなものを絶つことをスマホ・ラマダーンと言おうが、e安息日と言おうが、どちらでもよいのですが、電子的な快適さからいったん自分を抜き取って、意のままにならない自然との付き合いを積極的に取り入れていくところに、今後の教育の使命もあるのではないかと考えています。

山極　「朝日新聞ダイアログ」という、二〇代の会社員二〇人くらいと、二〇三〇年の日本社会について語るという催しがありました。二〇〇人くらい聴衆がいましたが、その時私はいくつか質問を出して、その中に休日は何をしていますかという質問があったんですが、ほとんどの人が寝てると答えました。疲れ切っているんですね。安息日という機能が全く発揮されていない。まあ、寝ることによって自分を取り戻していることはあるのかもしれませんけどね。

小原　身体的には休息になりますから寝ているだけでもいいと思いますが、もっとメンタルな部分で自分をどのように取り戻せるかを考えると、なにか別の工夫が必要でしょうね。なにしろデジタルな世界の吸引力が強すぎますから。そこにどっぷりと引き込まれ、からめとられているのに、それを自覚できないのが一番怖いですね。

第5章　大学はジャングルだ

コミュニティが救う自己不安

山極　人間の歴史を俯瞰的に眺めてみたときに、人間はやはり、いろいろな人とつながりたいという欲求をもとに、集団を大きくしてきた気がします。ところが、今やそういう欲求は片隅に追いやられて、新自由主義とか資本主義とかで個人の欲求をいかに最大限発揮させるか、実現させるかということに意識が向いていると思います。ですから、それを実現すればするほど個人が孤独になっていくわけです。なぜなら、自分で何でもできるから、他者を当てにする必要がない。他者との間でいろんな役割分担をする必要がない。しかし、自分で何でもできるためには金銭的余裕がなければいけないから、働かなくてはいけない。働く目的がそうなっていると思います。

しかしこれは、集団をつくる本来の目的に逆行している気がします。やはり、他者とつながるために自分がいて、働いている。自分がやったことが他者にどう受け取られるか、あるいは他者を喜ばせることができるのか、他者から期待されるのか、というところに自分という定義があるのに、それが今、もう失われつつあるから、必死になって自分を見つけようとしている。自己実現を目指す一方で自己責任が問われる。自己というものがすべて自分にかかってきていて、集団の、というところが稀薄になってきている。もともと集団は個人を抑制するものであったけれども、個人を守るフィルターでもあったわけです。しかし今やそういうものは見えなくなってきていて、個人だけでこの宇宙にいるような形に陥ってしまっている。それが様々な不安につながっていると思いますけどね。

小原　自分だけの宇宙をつくってくれる技術に、現代は事欠かないですが、それぞれの宇宙が孤立してしまわないような基盤が必要ですね。個人がある程度好き勝手して、冒険して、また戻って来ても受け入れてもらえるような集団的な基盤があれば、いろいろなチャレンジができます。不在の者を再び受け入れるという人類特有の懐の深さを取り戻したいところです。それがないと、やったことの責任は自分で取ってね、という形で自己責任論だけが拡張していくことになります。しかし、これは本当の自由ではないでしょう。

山極　その意味では、コミュニティづくりがこれからの日本にとっても、世界にとっても重要で、そして私は、コミュニティの核に大学がなるべきだと思っています。大学は利益を追求する場所ではありませんから。大学は、今は一八歳から二〇代の後半くらいまでの若者しか受け入れていませんが、そこを卒業した人がいつでも帰ってこられる、または、その大学で学んだことがない人でも、その大学に行ってみたら新しい知識、新しい仲間が得られるという、そういう場所になるべきだと思っています。

小原　そのとおりですね。今は社会人入試などでいろいろな年齢層の方がいるので、若者にとっても自分と違う世代の人たちと接する良い場に、大学はなりうると思います。

新たな社会力を生み出す場として

山極　そうですね。社会人入学については、特に博士課程で急速に増えています。それを学部にも開放して、もちろん通信教育もできますし、コミュニティをつくるために新たな社会力を生み出し、それを創出する場所として大学が機能していくということが、絶対に必要だと思います。

小原　新たな社会力を生み出す場としての大学をぜひ追求したいと思いますが、同時に、今の大学は、文部科学省から下りてくるルールや方針にかなり縛られているところがあって、文部科学省の意向を先読みする力は増していますが、もはや自由とは言い難い状況にあります。透明性を高めよ、学習時間を厳格に定量化せよ、という大義名分でもって、例えば、来年やる講義についてはシラバスできちんと学生に提示しなさい、予習復習の内容も示しなさい、という具合に形式的な縛りが年々強まっています。講義の内容を学生に示し、学生はそれに納得して履修登録することにより、大学と学生の契約が成り立つという考え方に異論を述べたいわけではありません。しかし、これから大学はいろいろな可能性を発揮すべきであるにもかかわらず、現状ではそれを阻む要素がたくさんあることに危機感を感じますね。

文部行政によって教育をがっちりコントロールしていこうとする明治時代以降の伝統は今も健在ですが、昨今は、それが大学にも強く及んでいると思います。大学の学校化とでも呼べばよいのでしょうか、中学校、高校までの教育の延長として、大学を定型化された枠の中にはめ込もうとしているように見えます。中学校、高校までは定められた教科書を用いて、一定のカリキュラムのもとに学問の基礎を学ぶのは大事ですが、大学は、高校までで学んだことを思い切って崩して、全く違うことを始めるくらいの荒々しい場所であった方がよいと思います。ところが、今は学生が迷子にならないように、すべてを説明し、仕組みをスマートに整えて、学生はお客様扱いされています。先生が言われた、ジャングルに帰ってゴリラになるみたいな、そういう知の荒々しさが、すごく乏しくなっているという気がするんですよ。

山極　だから私は、「大学はジャングルだ」と言っているんですね。

小原　なるほど。「大学はジャングルだ」という言葉にはグッときますね。

ジャングルでは常に新しい種が生まれる

山極　ジャングルは常に新しい種が生み出されていく場所であり、大学というのは常に新しい知が生み出されていく場所である。そして、猛獣たちがそれぞれの能力で渡り合いながら、でも、不思議な秩序がそこに存在しているという、協調の場がある。それがジャングルだとすると、これは大学のあり方にぴったりですよね。

小原　ジャングルのイメージは大学のあり方にぴったりきますよ。今、大学は都会のモダンな建築物のようなイメージで組み立てられていますから、その対極的なイメージは、今後の大学にとって大切な指針になりそうです。そういう意味では、荒々しいけど、全体としては不思議な調和があるような知のジャングルがキャンパスの中で実現できれば、大学の可能性はまだまだ広がっていきますね。これまで話してきた人間の身体性の回復も、そのジャングルの中ではできると思います。

山極　そうですね。大学という場があり続ける限りは、そこは人々が出会える場であって、それは脳だけで済むのではなく、身体を通じて様々なつながり方が知覚できる場所だということだと思いますね。

「知のジャングル」の未来像

小原　知のジャングルということに触発されて、普段、私が考えていることを少し述べさせていただきたいのですが、まず、今日の対談のように異なる専門分野から人類共通の課題について論じ、考えるというのは、これからの大学の教育や研究にとってきわめて重要だと、あらためて感じました。近代以降、現代に至るまで学問の細分化が進み、それは学問の高度化とも言えますが、専門領域のたこつぼ化も生み出しています。少し領域が違うだけでコミュニケーションがとれないという状況は、ジャングル的な知としては、おかしいですよね。

この問題を考えるための歴史的なヒントは、大学の起源にあると思います。現在の大学につながる組織は、一二世紀のヨーロッパにさかのぼります。その時代、ヨーロッパ・キリスト教世界における知の伝統と、イスラーム世界経由で再流入した古代ギリシアの知が交差し、宗教性と世俗性が緊張を帯びた出会いをしました。その結果、ヨーロッパで忘れ去られて久しかった古代ギリシアのリベラル・アーツが高等教育の基礎として再生し、学問的関心を持つ者のギルドとしてユニバーシティ(大学)が誕生することになりました。復活したリベラル・アーツ、具体的には文法・修辞学・弁証術・算術・幾何学・天文学・音楽の自由七科は、中世の大学において上級学部、つまり、専門教育としての神学・法学・医学の前提として大学教育の基礎になりました。

このように、異なるものが出会うことによって生じた多様性が、既存の知を流動化させ、再構築させたわけです。さきほど、ジャングルは常に新しい種が生まれる場所だと話してくださいましたが、大学で常に新しいものが生み出されるために、今ある考えや仕組みを対象化して見せてくれるような外部の視点が必要です。大学の黎明期において生じた「旧」と「新」、「世俗」と「宗教」の出会いや融合がもたらした効果を、現代という環境の中で再解釈し、取り込むことは可能だと思います。そうすれば、大学は、高校までの鋳型にはめるための教育をいったんグチャグチャにしてしまうほどの知のジャングルに近づくのではないでしょうか。

私は、大学教育は価値転換システムとしての役割を担っていると考えています。ジャングル的な知にさらされることによって、価値観や世界観を変えることができれば、それは生きる喜びにつながります。高校までの勉強というと、基本的に知識の詰め込みですが、それは学問の本質ではありません。そうした高校までの勉強スタイルから解放し、価値観を転換することも大学はできますし、また、社会で様々な経験を積んだ人たちが大学に戻ってきて、人生観や世界観を新たにするということも可能でしょう。

もう一つ私が関心を持っているのは、大学教育においてＩＴのクリエイティブな活用を進め、リアルとバーチャルの間を自由に行き来できる新しい身体作法を示すことです。これまでの議論で、バーチャル世界に埋没してしまう状況に対し批判的な意見を出してきましたが、私自身は教育のＩＴ化に積極的に取り組み、実験的なこともしてきました。自分の講義や講演の動画をユーチューブに数え切れないほどアップしていますが、国内外から多くの方に視聴していただき、動画の総再生回数は一七〇万回を超えています。私の動画を見て、同志社大学に入学された方や研究者として来られた方も少なくありません。ＩＴ化によって知的刺激が地球規模で広がっていくのは、まさに時代の恩恵です。学びは必ずしも大学の教室でなされる必要はありません。どこでも、いつでも、学びたいときに学ぶことのできる環境が整ってきています。もちろん、顔を覗き込むことのできる対面授業が重要であることは言うまでもありません。ブレンディッド・ラーニングのような形で、オンデマンドと対面授業を組み合わせることもできます。

私が目指しているのは、決められた時間と場所に大量の人間を集めて、一斉に学ばせるような、近代に始まった工場型一斉授業からの解放です。規格化された大量の工場製品をつくり出すかのような、この学びのスタイルでは、基本的に学びは受動的で、そこで直観が養われるとは思いません。一世紀以上続いた教育スタイルを根本的に見直し、学ぶ者を時間的にも空間的にも解放し、新しい知のジャングルを、キャンパスという物理的空間を越えて拡大した方が、はるかにおもしろいことができそうです。宗教と共に生まれた、人間が持つバーチャルなものへの根源的な志向性を最大限生かし、そのプロセスの中で身体性というリアルな土台を繰り返し確認しながら、バーチャルとリアルの間を自由に行き来できる新しい身体作法、身体バランスを生み出す場に、大学がなればと思いますね。

身体性は、今後の多文化共生社会を考える上でもキーワードとなります。身体性が軽視されると、弱者への共感も生まれないでしょう。身体性が稀薄になるバーチャル空間で他者の痛みへの想像力が減退すると、平気で差別的発言をしたり、分断をあおる言葉が拡散していきます。宗教にとっても共感は利他性や隣人愛を発揮する上で大切ですが、それが身体性を失って、頭の中だけで、つまりバーチャルな形で、ラディカルな考えと結びつくと、仲間への共感が外部への暴力に転じることにもなります。共感能力の暴発としての暴力です。それゆえ大学では、人間が持つ共感能力を批判的に分析すると同時に、それを身体性を基盤に適切な形で育んでいくことが今以上に求められることになると思います。

山極　そのとおりだと思います。今、大学教育は大きな転換期を迎えています。国立大学は法人化以来一五年を経て、運営費交付金が減り、自律的な運営資金を開拓することが求められています。そのためには企業の投資を呼び込み、自らがビジネス感覚をもって経営努力をしなければならないと言われています。京都大学は研究型大学としてもっとイノベーションにつながるような研究を推進し、産業界と連携して日本の国際競争力を上げるための努力をしろというわけです。たしかにそれも一理あり、このグローバルな時代に科学技術立国として日本が国際舞台で存在感を増すのは研究力ですから、そこで活躍する能力を育成することは国立大学の大きな目的の一つだろうと思います。しかし、そこで取り残されていくのは学問の多様性と自由な発想です。イノベーションを起こすためには、これまで考えつかなかったような新しいアイデアを、分野を超えた学際的な討論の中から生み出していかねばなりません。産業界が今注目していることばかり手掛けていては、新しいことは出てこない。ときにはとんでもない発想が必要です。

たしかに今、大学は知識を学びに来るところではなくなりつつあります。私が学生の頃は、知識は人から人へ、本から人へと伝えられるものでした。だからその集積の場である大学へと通う必要があったのです。しかし、今はインターネットがそれをすべて代替してくれます。学生たちはインターネットに向かってキーワードを入れれば、すべての知識が得られると思っています。だから、大学は知識を得る場所ではなく、何か違うものが得られる場所でなければなりません。それを私は、人と人が出会い、行為を介して生の体験や考えを得ることだと思うのです。情報となっている知識はすでに人が発表したものであって、世界中の人々が共有できるものです。そういった知識はどんどん世界へ発信すべきです。私も三年前からMOOC（大規模公開オンライン講義）を始め、日本発の霊長類学の講義を英語で世界中に提供しています。しかし、人々の頭の中にある考えや身体を通じて出てくる行為は、対話や共同作業を通じてしか得ることができません。

京都大学には、対話を通じた自学自習によって創造的な精神を涵養するという伝統がありますが、私はそれに加えてWINDOW構想をつくりました。大学を「窓」と見立てて、社会や世界との風通しを良くし、学生を送り出すことを全学共通の目標にしたのです。もはや大学だけがキャンパスという時代ではありません。京都という歴史都市を舞台に、また世界へどんどん飛び出して行って多様な人々と混じりあいながら、自分の能力や適性に目覚めていくことが必要です。その試みの一つとして、「おもろチャレンジ」という体験型海外渡航支援制度をつくりました。学生が自分で学習計画や活動計画を立て、先方と交渉し手続きをして、海外体験をするという企画です。毎年三〇人を募集し、数倍の応募があります。アジアやアフリカへいく学生が多いのですが、帰国してくるとみんなとても野性的になっています。

まさにジャングルを体験してたくましくなってくるといったところですね。ほかにも、「学生チャレンジコンテスト」といって、学生たちが立てたおもしろい活動計画をウェブに掲載し、クラウドファンディングで市民から寄付を募り、その基金で活動を実施するという企画もあります。市民に支えられた活動を通じて、学生たちの起業家精神を鍛えるといった効果を期待しています。事実、京都大学では最近たくさんのベンチャー企業が立ち上がっていて、新しい発想を社会に生かしていくという機運が高まっています。

おもろい発想を持つ学生を育てるためには、教員自身がおもろい研究をしなければ、という考えから「京都大学変人会議」も始めました。おもろい考えや活動をしている人をあえて「変人」と定義したのです。自称や他称で「変人」と見なされる教員を招いて話を聞く試みで、市民にも開放されています。毎回大変な人気で、その講演記録を基にこのたび本も出しました。大学はいろいろな発想が出会って、さらに新しくおもろい考えが生み出される場所でなければならないと思います。小原先生のおっしゃるとおり、これからは講義中心の学問の場ではなく、多様な考えを

同志社大学・クラーク記念館前にて

持つ学生や研究者が出会ってともに新しいことにチャレンジする実験場になるべきでしょう。少人数のゼミや実習、フィールドワークが主たる学習の場となり、そのための学習環境を充実させねばなりません。ジャングルが多様性を失えば、均一な植物からなる動物のいない森になってしまうように、大学も多様性と先端性こそが数々の新しい能力を生み出す源泉です。それを忘れずに、世界を先導する大学をつくっていきたいと思っています。どうもありがとうございました。

●補論

人間、言葉、自然

――我々はどこへ向かうのか

山極寿一

言葉、人間と動物を分かつもの

私がゴリラの調査と並行して、ニホンザルの調査を四〇年以上続けてきた中で思ったのは、野生動物、特に人間に近い、ニホンザルやゴリラとはコミュニケーションできるということです。さらに、彼らの立場に立って考えると、彼らはいろんな動物や植物と会話していることがわかります。会話といっても、我々が考えているような、言葉を使った会話ではなく、彼らの感性を使って、自然に対して応答しているということです。しかも、自然は絶えず局所局所で変化していきます。その変化を感じ、対応していくのが、生きるということです。そういった生活を、人間は言葉をしゃべり始めてから、どんどん失い始めているのではないかという気がしています。

我々の研究方法は、サルになってサルの歴史を書け、あるいは、ゴリラの気持ちになって、ゴリラのやっていることを理解せよというものです。日本の霊長類研究をつくった今西錦司先生はそうおっしゃって、学生たちをそれぞれのフィールドに送り出しました。今西先生ご自身はサルだけではなく、ウマやウサギなども学生に調査させましたが、人間社会の起源を探る上では、ヒトに近い霊長類がぴったりだろうということで、サルを研究の中心に据えられました。

その中でも、人間に近いゴリラやチンパンジーの研究をしました。その大きなテーマは、人間家族の由来です。家族という、人間社会に普遍的な社会単位が、どうやってできたのか。それは今の人間社会だけを見ていてもわかるものではありません。一九世紀末にルイス・モルガンやバッハオーフェン、エンゲルスなどが、現代の様々な民族の社会を比較し、人間社会の由来を導き出そうとして失敗しました。人間の社会というものは、どれほど原始的に見えても、どれほど進んでいるように見えても、進化という歴史の中においては、同じ時間を通って発達してきたもので、どれもが非常に高度な、現代の人間の特質を備えているからです。

現代の世界から、過去の人間の社会については、なかなかさかのぼることができません。しかし、人間はゴリラやチンパンジーと共通の祖先から分かれたものですから、ゴリラやチンパンジーの社会と比べることによって、祖先の社会がわかるのではないか。そこで今西先生は、身体の五感が近い、ゴリラやチンパンジーになってみて、その社会を体験してこいと言ったわけです。私はゴリラの社会を、ゴリラになりきって経験しながらも、頭には常に人間の社会がありました。

今回、キリスト教から見た人間社会と比較しながらお話をしていきたいと考えました。キリスト教はご存じのように、言葉先にありき、つまり、神様は言葉と共にある、あるいは、神が言葉で世界をつくられた、というところから発していますから、キリスト教というのは、もともと言葉を非常に重視しているわけです。それはどの宗教もそうですが、とりわけ言葉が重要で、実は言葉こそが、人間とそれ以外の動物とを分けたのです。

日本人もまた言葉に頼って生きてきましたが、人間とそれ以外の動物をさほど明瞭に分けることをしてきませんでした。これはつまり、世界観を言葉だけでつくってきたわけではないということです。特に、動物が人間と婚姻したり、動物が人間の言葉をしゃべったり、あるいは人間が動物になったりということを、言葉の上で頻繁に行う日本人の動物観、あるいは自然観は、我々がまだ、動物と会話できる世界に生きている証拠だと思います。この自然観の違いが、目に見えないところに社会の違いを潜ませているような気がしますし、今後、我々が未来社会を考えていく上で、この違いをいかに組み込んでいくか、あるいは生かしていくかが重要ではないかと思います。

特に最近の経験によると、言葉は現代人であるホモ・サピエンスがこの世に登場してきてから完成された、という説が濃厚になってきています。ネアンデルタール人についても、舌骨が残っていたり、喉頭が下がっているなど、解剖学的特徴から、言葉をしゃべる能力があっただろうと言われています。ところが、言葉をしゃべることによって、副産物として出てくるはずのシンボルや、絵、楽器といったものが、ネアンデルタール人にはほとんど見当たりません。ですから、現代人のような言葉の使い方はしていなかっただろうと言われています。

つまり、現代人のような、言葉によってつくられた世界観を、ネアンデルタール人は持っていなかったと思われます。言葉による社会はまさに現代人が七万年前くらい前から始めただろうと言われています。その証拠に、その時代の南アフリカのブロンボス洞窟に、最初のシンボルが出現しています。あるいは赤色オーカー（顔料）を使った跡も残っています。人間が、装飾やシンボルを使い始めたということです。これは人間が自然から一歩離れるきっかけとなったと思います。

当時の人間は、今の我々からすると結構な時間をかけて、様々な装飾品をつくりました。それが爆発的にヨーロッパに登場したと言われていますが、現在ではアジアでもたくさん発見されていて、ヨーロッパだけの現象ではないことがわかってきています。しかし、ホモ・サピエンスがアフリカから出てきて、イスラエルやヨルダン辺りを通ってトルコに出て、そこからアジアやヨーロッパに広がっていったことは確かなので、その辺りで言葉が使われるようになったのではないかと思われます。人類の祖先とチンパンジーが共通祖先から分かれたのは七〇〇万年前だとわかっています。そして、言葉以前の身体を使った会話、コミュニケーションは、ゴリラやチンパンジーとは異なるものに進化したはずだというのが私の持論です。つまり、言葉は人間の突出したコミュニケーション能力の完成形であって、それ以前も、ゴリラやチンパンジーとは違った形で進化したのだと思います。

集団化するチンパンジー、対等の関係を好むゴリラ

あらためて、ゴリラやチンパンジーのコミュニケーションの特徴を見てみましょう。チンパンジーは離合集散、みんなでずっと一緒にいるわけではなく、離れたりくっついたりということを頻繁に行いながら暮らしています。しかし、集団全体ではテリトリーのような遊動域があって、非常に強い仲間意識を持っています。群れの大きさは通常三〇頭から五〇頭、多くても一〇〇頭ほどです。しかし離合集散しますから、日常的な単位集団は数頭から十数頭に限られます。その中で交わされる身体的な表現は、グルーミングや抱擁など、お互いの気分を調整するような身体接触を伴うことが非常に多いです。しかも、お互いの関係を確かめる行動を非常に神経質に行います。みんなで騒ぐ、叫びながら合唱するといった、音声を使ったコミュニケーションも非常に目立ちます。

一方、ゴリラはとても静かです。それはなぜかというと、一〇頭から二〇頭の小さな集団で、みんなが常に見えるところ、お互いの声が聞こえるところにいるから

です。大きな声を出す必要がないのですね。それに、お互いの関係を確かめ合う必要もありませんから、グルーミングなどの身体接触をほとんどしません。ただ近くにいることによって、安心感を得ているわけです。しかも、ゴリラがチンパンジーと全く違うところは、ゴリラが他の個体と、互いの強弱を決着させずに付き合っているところです。彼らは体の大きさが違っても、対等の関係を好みますし、それは体を接触しないことによって保たれています。もし何かコンフリクトがあって、二頭のゴリラが喧嘩しそうになった場合は、第三者がすかさず介入して喧嘩を止めます。その場合もどちらかに加勢するのではなく、喧嘩自体をみんなで止めるという行為によって、勝者をつくらないようにしているようです。

ところがチンパンジーはお互いの関係を、接触によって常に確かめ合っていますから、強い個体に対しておべっかを使います。あいさつ行動がいい例ですが、下の者が上の者に向かって口を近づけていって、ハッハッハッと息を吐きながら、上下関係が際立つような形であいさつをします。ゴリラの場合のあいさつは、互いに顔を近づけて見合うという、非常に対等な姿勢で行われます。このように、社会のつくり方やコミュニケーションが非常に違います。ゴリラにとっては、仲間といつも一緒にいることが重要です。チンパンジーにとっては、個人の自由が高まって離合集散するものの、出会う時にはお互いの関係を、上下関係を際立たせる形で納得するということをやっています。それが彼らの基本的なコミュニケーションです。

人間にはなぜ言葉が必要だったか

しかし、ゴリラもチンパンジーも、いったん集団を離れた個体は、その集団に二度と戻ることができません。離れても数時間、あるいは数日ぐらいであればいいかもしれませんが、一週間、二週間離れてしまった個体は、その集団の中で死んだも同然という位置づけになります。つまり、ゴリラにとってもチンパンジーにとっても、集団の仲間であるという意識は、常に持続的に、視覚や聴覚でお互いの存在を認知し合っているということから生まれているわけです。ところが、人間はそこからだんだん離れていきました。ある程度会わなくても、仲間であるという認識を持つようになったのです。これによって、いったん集団を離れた仲間が再び集団に戻れるという特徴を身につけました。

この社会性を持ったことが、ゴリラやチンパンジーとは違った、人間の社会の出発だったのではないかと思っています。その際に必要だったのは仲間を信じることで、これは言葉以前の問題です。なぜ、チンパンジーやゴリラが一週間以上集団を離れたら戻って来られなくなるのかというと、これは身体の接続によって、お互いを確かめ合っているからに他なりません。自分と相手の身体の接触による接続だけではなく、それによって個体が集団の中のどこに位置づけられているのかがわかっているのです。ですから、誰かが欠けてしまうと、その空白を埋めるように集団の中のネットワークが縮んでしまう、あるいは埋められてしまいます。そうすると、帰ってきたところでもはや、そのネットワークの中に入れなくなっているわけです。

実はそのような特徴は現代人でも持っています。仲間外れや村八分がそうですし、子供の集団によく見られますが、毎日会っていないと仲間に入れてもらえないということが起こります。これは、人間も未だに身体のつながりを非常に重要視している証拠です。しかし、人間はその呪縛を解くことができます。また、仲間が数週間から数か月、あるいは数年の空白を経て帰ってきたとしても、元のように迎え入れるフレキシビリティを、社会が持つようになりました。それはいつのことで、その背景はなんだったのかというのが私の疑問です。

きっかけは、人間が行動範囲を広げたこと、それによって集団が常にまとまって動くことができなくなったことです。チンパンジーは一つの集団が常にまとまっているわけではありませんが、行動域は限られています。しかし、人間は進化の過程で、ゴリラやチンパンジーが住み続けている熱帯雨林を離れ、行動域を広げざるをえませんでした。なぜそうなったかについては、まだわかっていないことが多いのでここでは問いません。しかし、いずれにしても、私たちの祖先が熱帯雨林を離れたことは確かです。

その時、大きな壁にぶつかりました。一つは、森の外は食物が分散していて、集団が一つにまとまって動いていては、食料を賄いきれなかったということ。これによって、食物を分配するだけではなく、遠くまで探しに行って採集し、仲間のもとに持って戻ってきて、それから分配して一緒に食べるという行為が必要になりました。人間が食物を運搬するようになったことにより、それを待っている人間にとっては、仲間がどこか知らないところで採って、持ち帰った食料を食べるという行為が生まれました。これは、自分ではなく、仲間が確かめて持ってきた食物を信じて、つまり仲間を信じて食べる行為です。

食べるという行為は、人間にとって毎日やってくる課題です。肉食動物だったら毎日食べる必要はありませんが、人間はサルや類人猿と同じような胃腸を持っていますから、毎日食べる必要があります。森の外にはすぐに逃げ込める場所がなく、地上性の大型肉食獣に襲われる恐れが高いですから、特定の安全な場所に弱い個体を隠して、安全な時間を見定めた上で活動する必要が出てきました。しかし、それでも活動範囲は限られますから、屈強な、特に男だと思いますが、食料を採りに行って、妊娠中の女性とか、あるいはまだひ弱な子供に食物を与え、みんなで食べるという行為が生まれました。これが人間の社会性の始まりだと思います。そのときに、新たなコミュニケーションが芽生える必要が生まれました。それは、相手が見たことのない場所や、由来のわからない食物の安全性を説明する、あるいは、待っている人にとっては、自分が食べたいものを想像し、自分が見ていない場所で活動している仲間の姿を想像することです。これによって見えないものを想像する能力が生まれました。

想像を共有することによって、人間は活動範囲を広げ、恐らく人間の社会的なつながりに新しい変化をもたらしたのだと思います。つまり、ある程度欠落した時間があっても、仲間として認めることができるような、そして、それを想像力によって埋め合わせることができるような社会になりました。これが最後には言葉に結びついていくコミュニケーションです。このようなコミュニケーションの発達は共感力の増大によってもたらされました。仲間は何をしているか、仲間が一体どういう気持ちで自分のことを見ているかということを想像し、仲間の気持ちを、心を読むという行為が必要になりました。

子供を守るためのコミュニケーション

また、新たなコミュニケーションは、子育てを共同することによっても出現しました。ゴリラやチンパンジーは、熱帯雨林という安全な場所にいて、子供は小さく母親が軽々と運び歩くことができますし、子供の方も自力で母親に摑まる能力を持っていますから、少なくとも授乳期は母親一人で子供を育てることができます。一方で、人間の子供は非常にひ弱なまま生まれてきます。また、ゴリラの子供が一・六キログラムほどなのに対し、人間の赤ちゃんはその二倍ほどあります。

なぜそんな状態で生まれてくるようになったのかというと、それはやはり人間がゴリラやチンパンジーと違って、肉食獣に襲われる可能性の高い、サバンナや草原に出てきたからです。森を出てすぐ、人間の乳幼児死亡率は高まったことでしょう。そのため、人口が激減しないために、たくさんの子供を産む必要が出てきました。しかし、一度にたくさんの子供を産むことはできませんから、出産間隔を縮めて、何度も子供を産むという方法になりました。そのためには、いち早く離乳させる必要があります。なぜなら、授乳中に分泌されるプロラクチンというホルモンが、排卵を抑制して次の妊娠を妨げるからです。そこで、人間は子供をいち早く離乳させることで排卵を回復し、次の子供を産むことができるようになりました。

その証拠として、人間の母親は毎年でも子供を産む能力を持っています。ところが、ゴリラもチンパンジーも四年か五年おきにしか子供を産めません。また、ゴリラもチンパンジーも離乳する頃には永久歯が生えており、大人と同じものを食べることができるようになっています。ところが、人間の子供に永久歯が生えるのは六歳頃ですから、もともと人間はその頃まで授乳していたと考えられます。しかし、今では、人間の子供は乳歯のまま離乳しますから、大人と同じものが基本的には食べられません。つまり、離乳食を食べさせる必要があるわけですが、農耕牧畜以前の長い長い狩猟採集の時代、子供用にわざわざ柔らかいフルーツなどを採ってくるのは、大変なコストだったはずです。それでも子供を早く離乳させたのは、やはり子供をたくさん産む必要があったからだと思います。

また、二〇〇万年前に脳が大きくなり始めたものの、すでに直立二足歩行が完成していたことにより骨盤の形が変化して、あまり産道を広げることができなくなっていました。ですから、なるべく小さな頭の子供を産み、難産を回避した上で、脳は生まれた後に急速に発達させるという方法が選ばれました。しかし、脳を胎児の速度で発達させるには多大な栄養が必要となります。そのため、栄養が不足しないよう、体に分厚い脂肪をまとわりつかせて生まれてくるようになりました。

この戦略により体が大きく重くなった結果、頭でっかちでひ弱な、成長の遅い子供がたくさん生まれることになりました。こうなると母親一人ではとても手が足りません。そこで、子供が離乳した母親や男たちが寄ってたかって子供を集団で、つまり共同保育するようになりました。しかも、保育の対象である人間の子供は未熟でひ弱で、いろいろなケアが必要ですから、大人同士の間でも大人と子供の間でも、気持ちを的確に読んで行動する必要が出てきます。ここで、お互いに調整し合うために、どうふるまえばよいのかという、食物によってもたらされたのとは別の共感力が高まったのだと思います。

この、共感力の増加によって、ゴリラやチンパンジーにはない、離れた仲間に思いを馳せ、見えない者に想像力を働かせることができるようになりました。さらに人間は道具を発達させました。石器が初めて登場するのは、二六〇万年前で、これは人間の脳が大きくなる少し前に当たります。道具は手の延長、足の延長、指の延長としての機能を持つものですから、道具があるだけでまだ起こっていない活動を想像することができます。そのことが、まだ見ていない世界をお互いが共有するという結果につながりました。ですから、道具の出現もまた、人間に新たなコミュニケーション能力をもたらしただろうと思います。

逆に言えば、道具から人間を見ることができるということです。例えば、食物の量を増やしたり、食物の分配を変えたりすることによって人間関係が変わりますから、食物自体も道具として作用し、人間関係を調整する媒体となりえます。また、道具の使い方をあらかじめ予想し、あるいは道具が貸し借りして使われることによって、社会的な場面で人間関係を調整するきっかけにもなりえます。つまり、物を介して人と人がコミュニケーションできるようになる。それによって、新たな社会関係が始まります。

結果的に、人間の移動を頻繁にさせ、人間の集団自体を拡大させました。人間の脳は、恐らく道具を使い始めてから大きくなりました。それが意味するのは、人間の活動範囲が増え、人間同士の関係が道具を介在させることによって、あるいは物を介在させることによってより複雑化したということです。これが人間の言葉の発生前に起こった現象で、これが言葉につながっていったのだと思います。そして、言葉ができたことによって、人間はさらに新たな領域に入りました。

重さを持たないコミュニケーションの道具

言葉というのは、重さを持たないコミュニケーションの道具です。それまでは物を使ってしか、あるいはジェスチャーを使ってしかコミュニケーションできなかったものが、言葉という全く重さのない音声によって伝えられるようになったことは、非常に大きなことです。つまり、人間は時間と空間というものを、言葉によって自由自在に操ることができるようになったわけです。

この世界は言葉によって始まった、言葉は神であったと聖書に記されたように、言葉をしゃべり始めた人間の前には、全く新しい地平が開かれました。つまり、現実のものよりも、言葉を信じるようになったわけです。初めのうちは、言葉の真実を目で見て確かめるということを伴っていたと思いますが、次第にそれを見ずして、言葉によって場面や事態を想像して、それで済ますことができるようになりました。つまり、視覚や聴覚よりも言葉が主力になっていったということです。

人間はサルや類人猿と共通の祖先を持っていますから、サルや類人猿のような五感を使って、つまり視覚優位で真実を把握するようにできています。まずは視覚、次に聴覚、ところが嗅覚、味覚、触覚は個人的な感覚で、他者とはなかなか共有できません。しかし、言葉が視覚と聴覚を乗っ取り、見える世界、聞こえる世界を言葉によって人間は共有できるようになりました。

言葉がない時代、人間は言葉を持たないいろいろな生物と感応することが、簡単に言えば、会話することができました。鳥の声を聞いて鳥の気分がわかり、他の動物の声を聞いて、あるいは他の動物の姿を一瞬でも見るだけで、その動物が何をしようとしているかを直観で理解しながら、その動物たちと共存できるようにふるまうことが、人間にはできていました。そこでは、人間と他の動物は対等でした。ところが、人間にとっては言葉によってつくられる世界の方がよりリアリティを持ってしまい、人間は次第にそちらの方を信じるようになりました。それが神の言葉です。

神の言葉は最初に、お前たちにこの世界を管理する権利を与える、しかしその代わりに収穫物の一部をよこせですとか、そういうことを言っています。そして契約をするわけです。その契約はまさに、言葉によってつくられた世界を人間に与えるもの、すなわち、人間は言葉を持つことによって、この世界の主人公に、もはや動物と対等ではないものになったということです。ここから人間独自の世界観や環境観が始まります。家畜が生まれ、栽培植物が生まれて、人間は食料を生産するようになりました。そして、それが人間の活動自体を定めるようになります。

一番大きなことは未来を予測するようになったことです。時空を飛び越えて、先のことを予想することができるようになりました。また、過去の事実も言葉によって伝えられますから、本当に起こったかどうかなんて、誰にもわかりません。私はそれが宗教の出発点だと思っています。ですから、言葉が最初にある、それはまさに宗教の真実だと思います。

人間は、サルや類人猿とも共通に持ち、祖先から受け継いだ五感を言葉に預けてしまったということです。それはロゴス、すなわち論理の世界ですが、しかし、人間は未だにロゴスからこぼれ落ちたものをたくさん持っています。しかも、それによって人間のビビッドな生命観がつくられています。例えば愛情、これは言葉になりません。好き、愛していると言っても、それは気持ちを端的に表しただけであって、一体好きとは何なのか、愛とはどういうものなのかということを、全部説明できるわけではありません。それは、会って、手で触れて、嗅ぎ合って、同じものを食べて、同じものを見て、という身体的な接触の中で紡ぎだされるもので、そうやってお互いの一体感を楽しむということを、人間は未だにやっているわけです。

身体を離れてしまった「言葉」

ところが今、人間は言葉を離れ、情報をやり取りし始めました。それによって、言葉がどんどん安っぽいものになってきています。私がゴリラと付き合って感じたのは、言葉というものはそもそもすごく安っぽいもので、だから、本当は信用できないコミュニケーションなのではないか、ということです。

言葉は情景を描いたり、物事を伝えるということに関しては、非常に便利で効率的なものです。しかし、我々が五感で感じた風景や音声を言葉にして伝える場合、それは非常に抽象化したシンボルにつくり変えられています。ですから、自分が感じた風景や音そのものは、本当には伝えられないのです。それが文字になると、さらに抽象的になります。言葉で伝えているうちはまだ個性が伴っていても、文字で書かれた文章は化石化した言葉となって、具象化して復元する際に様々な付属物がつきます。具象化の過程で、受け取る側の思いが入り、伝える側の思いとは全く別のものが広がってしまうわけです。それが今の時代に、さらに加速しています。

例えば、今は映像を情報化して流すことができます。しかし、映像は言葉と同じように、そこに詰まっている情報を、見る側が見る側の思いで加工修正して広げていきます。ですから、情報通信機器が発達すればするほど、情報が氾濫し、それによって情報が信じられなくなってきています。例えば、政治家が言ったことがすぐ話題になって、非難されたりしていますが、本当はそんな意味のことを言ったのではなかったかもしれません。それは言葉の修練が足りないせいだという言い方もあるでしょうが、何よりも言葉自体が陳腐化しているということです。

政治家やタレントが言ったことは信用できないから、他のエビデンスがほしいと思っても、他のエビデンスだって、本当に信用できるかどうかわからなくなっています。これは言葉や情報の性質ですが、それらがだんだん人間の身体性から離れ、自由に一人歩きをし始めたということです。私はゴリラとの付き合いから、言葉を持たない会話が、いかに互いの信頼を紡ぐものであるかということを感じました。言葉によって情報を得て、理解は進むかもしれませんが、信頼は置き去りにされています。物事を理解することが、物事を信頼することに、常につながるとは限らないということです。

ＡＩは人間の持っている意識と知能とを分けて、知能の領域を特化させたものです。そこでは、意識は常に置き去りにされています。言葉によってつくられたロゴスから零れ落ちていくもの、それは意識の範疇のものです。好きや嫌いといったことは、ロゴスの範疇ではなかなか理解できません。しかし、それは人間の持っている本質的な能力です。例えば、よくわからない相手を好きになることがありますよね。ところが、好きになった相手を理解しようと思って、いろいろな情報を集めれば集めるほど嫌いになっていくこともあります。ですから、情報によって理解されるものと、好きな人と一体化し、つながっていたいと思う欲求は、一つにならないということです。

私は、生物多様性の非常に高いジャングルを、ゴリラと一緒に歩いているうちに、了解というものは、理解によってもたらされるものではないということがわかりました。それは直観によってもたらされるものなので、身体感覚が非常に重要です。ジャングルには、とにかくいろいろな動植物がひしめいています。ですから、一つ一つの声や動きなんて、到底捉えることはできません。ジャングルは、いわばオーケストラのハーモニーのようなもので、それぞれが音楽家であり聴衆です。そして、そこでおかしな音や動きがあれば、それにすぐ気が付く、それがジャングルに適応するということです。

人間を含めた動物の感性は、もともとそれに反応するようにできているのに、それを言葉だけで理解しようとすると、体が置き去りになります。例えば、クマに出会ったら死んだふりをしなさいと言われても、そんなことできませんよね。結局は、その時々によって違う情況に体が適切に反応して、危険をさける、あるいはその危険に巻き込まれて死んでしまうかもしれませんが、それはそれで、一つの会話であって、それは理解ではなく、了解するものです。理解というのは、ロゴスの世界の中で物事を言葉として理解することを意味しますが、了解というのは体全体で納得することです。

例えば、一つ一つの運動をどう組み合わせれば、自転車に乗れるようになるのか、これを言葉で表現することはできます。しかし、自転車に乗るというのは総合的な感触ですから、いったん体が覚えてしまえば、何度でも、何年も乗っていなくても乗ることができます。頭の中でいちいち理解することではなく、納得し、了解することです。自然というのは、あるいは人間の体というのは、本来そういうふうにできていて、そうやって自然と、あるいは人間と付き合うことが、そもそも人間にとって意識を満たすことになるわけです。

しかし、人間は知能に引きずられ、知能のもたらすロゴスの世界に、心身を適応させようとしてきました。とりわけ、一万二〇〇〇年前の農耕牧畜の登場以降、人間は頭で描いた世界を実現させるために、世界をつくり変えてきたのです。世界をつくり変えると共に、心と体をもつくり変えてきて、今、その悪影響が出ています。体への影響としては糖尿病などの生活習慣病にも現れています。人間の体は一万二〇〇〇年程度では変わりませんから、我々の体の大部分は狩猟採集生活で幸福に生きられるようにできています。ですから人間は健康を保つために歩かないといけません。それは、人間が何百万年もの間、長距離を歩いて食物を探し、仲間のもとに持ち帰って食べたという、幸福感に基づいて身体ができているからです。

また、好きなものを好きな時に好きな場所で勝手に食べたいと思っていても、実際に食べると何か物足りない、おいしくない、すぐ食べてしまってもったいないという気がするのも、気に入った仲間と食べ物を分け合って、話題を交換しながら時間をかけて食べる方が幸福感が増すように、体ができているからです。食べるという行為が、社会的な道具として昔から機能してきたからこそ、そういう気がするのです。身体や心の幸福を、もう一度考え直す必要があると思います。

想像の欲求が人間の心を蝕む

言葉が登場した時代は、人間の生活にはまだまだ改良する余地がたくさんありました。言葉で想像することによって、環境、あるいは人間関係もつくり変え、豊かになっていった時代だと思います。狩猟採集生活に比べ、農耕牧畜は過酷な労働は強いたかもしれませんが、食料の蓄積によって人口が増え、子供の死亡率が減り、それを言葉によって幸せに転化して、納得していった時代です。その時、言葉は非常にポジティブな効果を生みました。ところが今、そのロゴスによって環境を人工的につくり変え、自然との対話ができなくなっています。人間同士の対話すら、スマホやSNSでやり取りされることによって、言葉に対する信頼性が失われ、言葉がむしろネガティブに作用し始めています。

今は、人間が頭の中で想像する自身の欲求が、人間の心を蝕みつつあるのです。そのことに宗教はもともと気づいていたように思います。ですから、仏教にしてもキリスト教にしても、個人の欲求を抑え、仲間といたわり合いながら生きることを奨励してきたし、人間が社会生活に期待していたことが、正常に行われるよう導こうとしてきました。しかし、人間の共感力や想像力がそれを上回ってしまいました。言葉は情報ですから、無限に拡大します。しかし、人間の身体性は拡大しませんから、言葉による共感はさほどもたらされません。

例えばキリスト教が、その信徒の間では伝え合い、共感を感じることができても、一歩外に出ると通用しないのはこのためです。キリスト教に限らず、すべての宗教が言葉を大事にしてきました。言葉が集団を大きくして、共感性を高めたのは事実ですが、それが今限界となりつつあります。言葉が情報として拡大すればするほど、信頼性を失って、逆に人を傷つける武器になりつつあるということです。宗教はそこを反省しなくてはいけないと思います。そして、本来の宗教の機能に戻って、人と人とを正常に結びつける役割を果たさないといけないと思います。

それは、言葉の持っている無限の機能に、いったん制約をかけることだと思います。常に情報を発信し、受け取るこの情報社会に自らを投じるのではなく、言葉を使わずに、身体性を利用しながら新たな人間関係を紡いでいかなくてはいけません。

今、大変なペットブームなのは、人間がロゴスによってもたらされる世界の外、つまり、合意とか了解とかいうようなコミュニケーションに、少し重きを置き始めている証拠ではないかと思います。都会で人工物に囲まれて暮らしていると、週末に海辺や森でただ歩くだけで心地よい気持ちになりますが、それはやはり、生物の生きている姿が見られるからだと思います。あるいは、波のように自分の予想しない動きをもたらす自然の営みに、身を横たえることができるからだと思います。こういう環境に身を置くことによって、人間の直観や意識が高まるのではないでしょうか。

例えば、入院すると、規則正しい生活になるし、気温も安定しているし、食事も栄養的に管理されているのに、何となくぼーっとしてしまいます。治療によって病気が治っても、何か生きる気力が失われていくような気がします。やはり、人間の身体や心はまだ自然の中にいるのだと思います。そして、その感覚が人工的な環境とミスマッチを起こしているのではないでしょうか。昔、確かに人間はもっと長く眠ってはいましたが、夜の間に何度か起きて、話をしながら時間を送っていました。

ところが、今は一人で朝まで熟睡することが安眠であると思いこまされています。そして、安眠に対して非常に過敏になり、プライバシーを非常に大事にするといった傾向になっていますが、ひょっとしたら元はそうではなかったかもしれません。そういうことを事細かに考え直してみる必要があるのではないかと思います。

人間の腸には、人間の遺伝子の一〇〇倍もある腸内細菌が一キログラム以上も共生していて、私たちが食べたものを分解しています。彼らが、我々の体の健康だけではなく、心の安定にもかなり貢献しているという説があります。となると、人間は自分だけの身体でつくられているのではなく、実は他の生物によってもつくられているのではないでしょうか。人間は腸内細菌と共生していますが、他の植物や動物と接することによっても、自分というものが存在するかもしれないということです。

超越者、神、神殿の始まり

人間が言葉をしゃべる前、人間の社会を、あるいは集団を大きなコミュニケーシヨンのネットワーク、共感社会としてつくり上げ、それによって人間は他の人間に定義される存在になりました。つまり、他の人間が見ている自分が自分であって、自分が見ている自分は自分ではないという状況が長く続いたわけです。ですから人間は、他の人間が自分を見ている視線や態度が気になるし、それによって自分は何かということを自問するし、それによって恥という意識を覚えます。

恥という意識は人間にしかありません。ダーウィンは人間以外の動物に赤面という現象はないと言っています。最近チンパンジーと狩猟採集民のモラルについての研究がクリストファー・ボームという人類学者によって報告されていますが、チンパンジーもゴリラも赤面しないそうです。つまり、恥をかくのは人間だけの現象だということです。赤面というのは生理現象ですから、起源の古いものだと考えられます。

赤面に限らず、人間だけが持っている特徴はたくさんありますが、その中で、社会性に根差すものは非常に重要だと思います。例えば白目です。白目は人間が向かい合って対面し、相手の目をモニターすることによって相手の気持ちを感じることができる能力につながっています。人間であればどの民族にもあるのに、チンパンジーには白目がないことから、これは共通の祖先から、人間とチンパンジーが分かれた後にできたものであることがわかり、その成立には他者の存在が必要です。今はもう周りに人がいなくても一人で恥を感じて顔を赤らめるようになっていますから、つまり、ルールが内面化しています。しかし本来、それは白目に表されるように、相手が自分をどう見ているかということによって、出てくる現象です。

もちろん、ゴリラやチンパンジーも、仲間が自分をどう見ているかによって、自分の行動やふるまいを正すことがあります。しかし、それは自分の存在自体に関わるほど重要なことではありませんから、仲間が見ていなければ勝手にふるまいます。ところが、人間はそれをことさら高め、その延長線上に神が生まれました。この超越者が常に自分を見ているからこそ、仲間の目だけではなく、神の存在も意識しながら、自分のふるまいを正す必要があるのではないかと、考えるようになったのだと思います。これはまさに、人間の共同生活の中で高められた、共感能力の到達点です。それが、言葉によって明示的に示されるようになったということなのだと思います。言葉によって人間は超越者を描くことができるようになった。それが神の始まりだと思います。

人間は農耕より前に神殿をつくったのではないかと私は考えています。ラスコーやアルタミラに描かれた洞窟壁画は神殿の一つ前の段階で、おそらくシャーマンが洞窟の奥で火を焚きながら踊る、それを効果的なものとして見せるために、壁画が描かれたという説が濃厚です。そこに神殿が加わりますが、神殿は神が降りる、あるいは神が存在する聖域です。神殿をつくるためには、人々が繰り返し通うか、そこに定住しなくてはなりません。洞窟も定住の一つのきっかけになったかもしれませんが、壁画と違って、神殿はつくるのに時間がかかり、多くの人たちが力を合わせる必要があります。トルコの南東部に、今から一万二〇〇〇年前の狩猟採集民がつくったギョベクリ・テペという神殿の遺跡が見つかっています。

重要なのは、神殿から三〇キロメートルくらい離れたところに、小麦の原産地があるということです。このことが、農耕が始まる前に宗教が現れた証拠だと言われています。逆に、農耕の起源については、集団が大きくなり、同じような植物を繰り返し利用し、使用後それを一か所に捨てたことが人為的なセレクションとなって、栽培植物に育っていったという、集団的な圧力が栽培を生み出したという説と、ある時ある人によって栽培技術が発明され、広がっていったという説があります。

しかし、そこに抜けているのが、そもそもどうやって集団ができたのかということです。栽培は定住しなければできませんし、収穫物はあとあと出てくるものです。栽培によって定住が起こったと言われていますが、本当は定住の方が先だったのではないかと思います。そして、定住の理由は栽培ではなく、信仰、神殿をつくるためだったのではないかという説が出てきました。人間の心の変化が人間の移動を変え、それが栽培や牧畜につながったのではないかということです。

人間は狩猟採集を主としていた頃から言葉を持ちました。狩猟の技術も言葉によってずいぶん洗練されたと考えています。これはまだ仮説にすぎませんが、犬の飼育は大体一万年～八〇〇〇年前に中国で始まったと言われていますが、さらにさかのぼって三万年くらい前だったのではないかという説があります。人間の言葉が洗練されるきっかけが、犬に命令するということから起こったのではないかという説です。真偽のほどは化石が残っていませんからわかりませんが、言葉をしゃべる能力はネアンデルタール人も持っていたし、シンボルをつくる能力は七万五〇〇〇年くらい前から登場しています。それがなぜ、今の人間がしゃべるような、便利な言葉に急速に行きついたのか、そのプロセスがまだわかっていません。

それは神という存在をつくったからだったかもしれないし、あるいは犬という、人間以外のパートナーを持ったからだったかもしれません。これまでは、共同生活で環境を効率的に利用するために、その環境を認知する道具として言葉が便利だった、という話になっています。しかし、それだけではないかもしれません、もっと言えば心の変化がまず起こったのではないかと思います。

西田幾多郎の「無の哲学」と生命の本質

学問の世界で京都学派と言われている西田幾多郎は、大乗仏教から非常に大きなヒントを得て、無の哲学に到りました。キリスト教は無の代わりに超越者、絶対神を置いて、ロゴスによって生じる矛盾をすべて神に預けました。しかし、西田は無というものから出発して、直観を大事にしたわけです。私から見ると、西田はやはり、自然のでき方に目を向けたのだと思います。今、西田哲学は西洋の哲学者からも注目されています。今西錦司先生の本を読んでいると、西田哲学の影響を非常に受けていることがわかってきました。なぜ、今西先生の自然観、自然学というものが、こういう道をたどったのかというのが、だんだん理解できるようになってきました。オーギュスタン・ベルクという、フランス人地理学者がいますが、彼は和辻哲郎の『風土』と西田哲学を重視しています。西洋の哲学はアリストテレス以来、すべてロゴスの哲学です。ですが、その哲学ではやっていけなくなってきた。AIや言葉、情報が扱いきれなくなってきているのだと思います。そこで、もう一度人間の心性、心の領域に戻って、主体と客体を分離しない、合一された地平に戻って考えるべきではないか。今西先生が西田幾多郎の名前を出さなくても、西田哲学をずっと継承してきたように、霊長類学も、自然の見方に西田哲学との接点がありまず。自然は動きますが、ロゴスは動きません。動く世界を動かないものに切り取って、分析をするのがロゴスですから。生物の動きというのは人間の直観でしか理解できないものです。福岡伸一氏はそこに注目して、細胞膜の上で起こっている理解できない現象を動的平衡と言いました。つまり、外の世界の物質を取り入れつつ、中のものを出す。それが同時に起こっているわけです。言葉の世界では出すことと入れることは同時に起こりませんから、現象を言葉で説明できない、しかし、それが生命の本質ではないかと言っています。西田幾多郎に「論理と生命」という論考がありますが、これを今西錦司先生が読んでいたことがわかりました。生命の形相ではなく、生命の実在を論じる時代に来ているかなという気がします。生命の本質は宗教の根源にも関わる問題です。これは相当に深いテーマですので、あらためて別の機会に論じようと思います。

宗教が迎える新しい時代

小原克博

霊長類研究と宗教研究

前章において、山極先生が、ゴリラやチンパンジーなどを対象とした霊長類研究の視点から、人間や人間社会の特性を人類史的なスケールで、まとめてくださいました。そこには、進化を含む長大な歴史的事象と共に、宗教に関係する事柄や、比較的近年になって大きく変化し、真剣に考える必要のある現代的な問題も含まれていました。技術の発達によるコミュニケーションの変化、それに伴う身体や共同体の変容などは、いずれも、現代の我々が直面している課題です。最終章となるこの章では、山極先生の議論のポイントを宗教研究や神学のフィールドで受けとめ、私の視点から補足したり、掘り下げたりしながら、我々が引き続き考えるべき問題を振り返ってみたいと思います。

そもそも、霊長類研究と宗教研究にどのような接点があるのでしょうか。両者の間の接点というより、争点として思い起こされるのは、進化論論争です。この対談では、進化論は議論の前提とされていますが、アメリカでは、国民の半数以上が進化論を信じないという調査結果が近年も出ています。端的に言うと、進化論を否定する人々（保守的なクリスチャン）は、聖書（旧約聖書）の創造物語を文字どおりに信じ、地球上のすべての生物は神によって創造されたと考えています。こうした宗教的世界観は、進化生物学などの科学的世界観と衝突することになりますが、その対立の深さは、人間や生命の起源に対する関心の大きさを表しているとも言えます。

人間や生命の起源に対する関心は、人間と他の動物の間に違いがあるのか、あるとすれば、どのような違いがあるのか、という別の問いにもつながっていきます。対談では、動物の魂の有無という議論もありました。人間と動物の関係に関して、キリスト教は伝統的に人間の優位性、人間と動物の隔絶を説いてきました。一方、霊長類研究や進化生物学をはじめ、科学的な知見は、人間と動物の連続性を前提とします。しかし、宗教と科学が根本的に異なる答えを出しているわけではありません。宗教の中には、キリスト教と異なり、人間と他の生物とのつながり、言い換えれば、命の連続性を重視するものもあり、アジアの宗教の中には、そのようなタイプのものを多数見つけることができます。古代インドの生命観の一つに輪廻転生があり、日本を含む、東アジアの広域に影響を与えてきましたが、輪廻転生の基本は、すべての命は形を変えながら永続するということです。そこでは、望ましい命の形はありますが、他の命から独立した人間存在の永遠性や超越性という発想はありません。一口に宗教といっても、キリスト教のような一神教からアジアの諸宗教まで、それらが前提とする人間観や生命観は実に多様です。

ところで、本書で議論の対象としてきたのは、人類はもともとアフリカの密林で生活し、サバンナに降り立ち、言語などによって社会性を拡張しながら、他の大陸へ移動していったという事実です。つまり、人類の共通の起源です。現在、地球上に増え広がり、異なる宗教や価値観を持った人間社会を見ると、「違い」が否応なく意識されます。今ある違いや多様性を理解するのが大切なことは言うまでもありませんが、人類としての共通の過去を知ることは、現在の多様性の人類史的基盤を理解し、来たるべき未来社会のあり方を模索する上で、やはり重要なことです。そのために本書は、霊長類研究と宗教研究の視点を共鳴させながら、霊長類やヒトの歴史をたどってきたわけです。

「宗教」の歴史

そのような文脈で、山極先生が「宗教」について言及されるとき、それは現在我々が知っているような制度化された宗教とは異なります。それは、今ある宗教に至る、はるか以前の未分化な、しかし、人類の想像力や社会性を拡張させ、共同体の倫理を提供する始原的な力としてとらえられています。宗教の起源をめぐる議論は膨大な蓄積があり、宗教をどのように理解するかによって起点の理解も異なってきます。考古学的には、対談でも言及されたライオンマンの彫像やラスコー洞窟の壁画などがあげられますが、それ以前にも、広い意味での宗教的営みは始まっていたと考えることができます。山極先生は、農耕牧畜前に宗教は現れていたと論じられています。その際の始原的な「宗教」を厳密に再構成することができなくても、それを集団の形成、定住、農耕の始まりなど、人類史を特徴付ける要素の一つとしてとらえることにより、現代人のステレオタイプな宗教理解を見直すきっかけを得ることができます。

そもそも、今日、我々が使っている「宗教」という語が、西洋語の religion の訳語として定着するのは明治になってからです。日本にとってきわめて新しい「宗教」という言葉を使いながら、人類の遠い過去にまで立ち返ろうとしている点に、本書のおもしろさがあると言えます。西洋から輸入された religion という言葉は、キリスト教を前提とした概念でした。言い換えれば、「宗教」一般を語る際の基本型としてキリスト教が存在していました。この考えは、欧米人やキリスト教の宣教師たちの間で広く共有されていましたが、当時の日本の知識人たちの「宗教」理解にも影響を及ぼしました。「宗教」、「仏教」、「神道」という言葉が、現在と同じような意味で広まっていったのは明治期以降です。それ以前にも「宗教」という言葉はありましたが、それは仏教の各宗派の教えという意味で使われており、現在のように、それぞれの宗教を超えた包括的な概念として使われるようになったのは、近代以降のことです。

また、近代日本における宗教のイメージは、主として仏教とキリスト教の間の論争を通じて形づくられていきました。その経緯の中で、神道は「宗教」ではないとされ（神社非宗教論）、国家神道が宗教を超えた秩序として位置づけられていったことを振り返るなら、「宗教」という言葉は、日本社会にとって新奇な近代的概念であっただけでなく、それとの格闘を通じて、西洋に対抗できるナショナル・アイデンティティを模索した重要概念であったことがわかります。

こうした日本近代史の状況と、山極先生が指摘された宗教の排他性・暴力性は微妙に響き合っています。人間集団をつなぎとめる力としての宗教の有用性を山極先生は評価しつつ、同時に、それが集団外の存在に対し暴力的になることを批判されています。集団が他の集団に対して敵対することは、チンパンジーなど他の動物においても観察することができます。人間に特徴的なのは、集団の結束力を言語や想像力、そして宗教によって高めた結果、内部集団と外部集団の軋轢がいっそう大きくなったという点です。対談では、それを「共感能力の暴発」として論じました。宗教だけでなく、道具の使用もそれに拍車を掛けています。狩猟採集民が動物を狩るために使用していた道具が、人間に向けられるとき、単に激情だけでなく、人間を動物に見立てるという高度なレトリックが働いています。高度な言語能力が、人を動物化する、非人間的に扱うことを正当化する術をも与えたのです。

これは現代にまで引き継がれる、もっともやっかいな問題の一つだと言えます。奴隷制度が当たり前のようにあった時代、奴隷所有者は、奴隷を、魂を欠いた動物と見なしていました。こうしたレトリックを用いて、人間が他の人間を非人間的に扱った事例は枚挙にいとまがありません。山極先生は、他者の視線が気になる「恥」の意識は人間だけが持っていると語られていますが、他者の視線を遮る、それを感じないで済むように、自分の行為を道徳的に正当化する能力も人間は持ち合わせています。道徳的正当化が、人間の暴力や残虐性の主たる原因であるとすら言えるかもしれません。善きことをしていると自分では考えている人によってなされている悪の問題に対し、どのように対応していくことができるのでしょうか。ここに山極先生が指摘された宗教の功罪も関わっています。

家族・社会の来歴

ゴリラやチンパンジーの研究は、人間の暴力性の起源を探る上でも重要ですが、人間家族の由来にも深い洞察を与えてくれます。ちなみに、これらのテーマに対応する山極先生の著作として、『暴力はどこからきたか——人間性の起源を探る』（二〇〇七年）、『家族進化論』（二〇一二年）があります。家族は人間集団の基盤となりますが、本書の対談の中で触れられていたように、親密なコミュニケーションを交わすことのできる集団規模には限界があります。しかし、集団が大きくなることによって、はじめてトラブルが生じるのではなく、小さな家族の中においても、人間が複数存在すれば問題が起こる可能性はあります。そこで、山極先生が示された霊長類研究からの家族理解に対し、宗教の立場から家族や共同体がどのように理解されてきたかを、聖書の物語をいくつか取り上げて考えてみたいと思います。

聖書と聞くと、そこには模範的な人間や家族、共同体が描かれているに違いないと思う人も少なくありません。しかし、実際にはその反対で、人間の罪、家族や共同体の破綻の物語が、いやというほど記されています。聖書のリアリズムは、アダムとエバという人類始祖も、神の命じた言葉に逆らい、罪を犯した最初の人間として描いています（「創世記」三章）。また、その子供たちであるカインとアベルの間では最初の兄弟殺し（カインによるアベルの殺害）が起こっています（「創世記」四章）。

その後、人類は増え広がりますが、神が「地上に人を造ったことを後悔」（「創世記」六章五節）するほどに悪がはびこり、ついに大洪水が引き起こされます（ノアの洪水物語）。しかし、悪が一掃され、よりよい世界になると思いきや、共通言語を持っていた人類は、話し合って、天にまで届く塔を建てようとします。その企ては神によって妨げられ、全地に散らされた人々は、もはや共通の言葉を持たなくなりました（「創世記」一一章、バベルの塔の物語）。

聖書の物語の多くは、人間や人間社会に避けがたくのしかかる各種の苦しみや問題の原因を語るものであり、「原因譚」（「譚」は物語という意味）として理解することができます。バベルの塔の物語は、人の言葉はなぜこれほどまでに多様なのかを説明する原因譚として読むことができます。もちろん、現代社会においては、数々の苦悩や問題の原因を、心理学や自然科学の立場から説明することができますし、本書では霊長類研究の視点から、家族や集団の成り立ちについて議論してきました。しかし、そうした科学的知識がなかった時代においても、人々は苦悩や問題の原因を「物語る」ことによって、苦しみとの折り合いをつけようとしたと考えることができます。科学的な語りであれ、神話的な語りであれ、人は物語によって世界を理解したいという根源的な欲求を持っていると言えるでしょう。

人間の言語的特徴と宗教

人間は想像力を駆使し、それによって生み出された知識や物語を共有することによって活動範囲を広げて、集団規模を大きくしてきました。山極先生が指摘されているように、こうした能力は人間特有のものであり、言葉こそが人間とそれ以外の動物を分けたと言えます。もちろん、人間以外の生物も互いにコミュニケーションを取るための広い意味での言語を持っています。昆虫は、非常に複雑なやり取りをしながら集団行動を取ることができますし、人間以外の動物も鳴き声などで意思疎通することが可能です。しかし、人間は知覚する現実についての情報交換をするだけでなく、想像した物語を共有できる点で特異です。

対談の中で何度か言及した『サピエンス全史』の著者ユヴァル・ノア・ハラリは、虚構について語る能力を獲得したことをホモ・サピエンスの「認知革命」と呼んでいます。虚構の力によって、単に個人レベルで物事を想像するだけでなく、集団でそれを共有できるようになりました。こうした認知上の変革が、広い意味での宗教の起源と関係していることは言うまでもありません。宗教を「虚構」と結びつけることに抵抗を感じる人もいるかもしれませんが、ここでの「虚構」とは、我々が五感で認知できる現実世界を超えた世界のことです。ライオンマンのような半神半人の像も虚構であれば、水素原子のHというシンボルも虚構です。しかし、そのいずれも現実世界をよりリアルに把握し、新たな世界像を構築する上で必要な虚構です。リアル世界とバーチャル世界を行き来しながら、人間は世界像を構築してきたと言うことができるでしょう。

また、虚構と深い関係にあるのは、対談でも論じられていた、比喩の能力です。山極先生は、机を動物に見立てたり、人間関係を動物の関係に見立てたりする「見立て」の事例をあげられていました。個別のものを一般化したり、抽象化したりして、わかりやすく表現するのも比喩の力であり、それは科学の世界では不可欠の能力です。もう少し一般的に、比喩を既知のものから未知のものを類推する能力と考えれば、比喩は神話や聖典などにもあふれており、宗教言語と比喩は親和性が高いと言えます。比喩によって虚構世界を描き出すという言語的特徴は聖書の中にも見られますが、虚構がもたらす両義性（諸刃の剣としての側面）をイエスの語りから抽出することができます。

人間は虚構をつくり出す力によって、大きな共同体を形成できるようになりました。しかし同時に、共同体は人を縛る力にもなります。つまり、人は虚構に囚われ、その結果、世界をありのままに見ることができなくなってしまうこともあります。これは、人間に根源的に存在する「認知バイアス」と言ってよいでしょう。例えば、イエスが次のように語るとき、当時の敵・味方の二分法的世界観が前提とされています。

「あなたがたも聞いているとおり、『隣人を愛し、敵を憎め』と命じられている。しかし、わたしは言っておく。敵を愛し、自分を迫害する者のために祈りなさい。……父は悪人にも善人にも太陽を昇らせ、正しい者にも正しくない者にも雨を降らせてくださるからである」（「マタイによる福音書」五章四三―四五節）。

隣人と敵という二分法に基づく世界観は、認知バイアスによってもたらされた虚構であったとしても、人はその虚構から簡単には自由になれません。現代社会、とりわけ政治の世界において、敵・味方のレトリックが多用され、対立を煽ることによって、かえってポピュリズム的な人気を博する状況があることを考えると、この種の認知バイアスの根は相当深いということがわかります。しかし、イエスは、その認知バイアスを自覚し、隣人・敵の二元論を克服していくように命じています。

イエスの比喩（たとえ）の多くは、「神の国」の比喩ですが、「神の国」という大きな虚構を語ることによって、小さな虚構からの解放を促したと言えます。その際、比喩は、世界を違う視点から見る発見的な機能を果たしています。さらに言えば、イエスは太陽や雨など、様々な「自然」と「神の国」を結びつけることにより、日常を支える「自然」と日常を超えた「神の国」の両側から、我々が囚われている小さな虚構（認知バイアス）を挟み込み、それを批判的に対象化していると見ることもできます。イエスのたとえ話は、「神の国を何にたとえようか。どのようなたとえで示そうか。それは、からし種のようなものである。土に蒔くときには、地上のどんな種よりも小さいが、蒔くと、成長してどんな野菜よりも大きくなり、葉の陰に空の鳥が巣を作れるほど大きな枝を張る」(「マルコによる福音書」四章三〇—三二節)のように自然や農業や食に根ざしたものが多く、その意味で、徹底して地上的なものです。しかし、後のキリスト教は、イエスの語りに充満する大地性を天上的なものにすり替えてしまったかもしれません。

自己中心的・自集団中心的な虚構に囚われ、人のつながりが固定化すると、そのつながりが権力と結びついたり、他の集団に対して排他的・敵対的な力として作用することがあります。そうなると、自集団における共感能力が、他集団に対する暴力へと転化することになります。この点こそが、前章で山極先生が「宗教はそこを反省しなくてはいけない」と指摘されていた点だと言ってよいでしょう。虚構をつくり出す能力は、ホモ・サピエンスが獲得した卓越した力ですが、その両義性に注意を払う必要があります。それは創造性と暴力性のいずれをも胚胎させることのできる認知的基盤だからです。宗教の歴史を振り返ると、この両面があることを如実に学ぶことができます。

動物と人間

これまで、動物と人間を分けるものとして人間の言語的特徴を見てきましたが、本章の冒頭でも述べたように、動物と人間の関係をどのように理解するかは、文化や宗教による違いが大きいです。しかし、人の一生を支えるために無数の生き物が死んでいるという事実は今も昔も変わりません。ただしお金を出せば、ほしいだけ肉を買うことができるという現代の状況は人類史的に見れば、かなり特殊なものであり、それは社会の近代化・産業化の産物であると言えます。

対談では、動物と人間を分けるものとして言語の他、魂を取り上げました。西洋キリスト教世界では、動物には魂はないと考えられていたことを紹介しましたが、聖書やキリスト教においても動物観には多様性があります。西洋的な人間中心主義に対する解毒剤にもなりそうな、次のような言葉が、旧約聖書（ヘブライ語聖書）にはあります。

「人間に臨むことは動物にも臨み、これも死に、あれも死ぬ。同じ霊をもっているにすぎず、人間は動物に何らまさるところはない。すべては空しく、すべてはひとつのところに行く。すべては塵から成った。すべては塵に返る。人間の霊は上に昇り、動物の霊は地の下に降ると誰が言えよう」（「コヘレトの言葉」三章一九―二一節）。

この聖書の言葉は、動物に対する人間のおごりを戒めています。また、人間は動物とは違う、という優越意識は、同じ人間同士の間で、私たちはあなたたちとは違う、という差別感情にもつながっていくことを歴史は教えています。例えば、人種差別がなされる際、差別される対象はしばしば動物のような存在（典型的にはサルやブタ）にたとえられ、蔑まれました。

人類史上、前代未聞の数の戦死者を生み出した第一次世界大戦では、キリスト教の伝統を持った国々が血で血を洗う戦いを繰り広げました。こうした悲劇の根本原因を探る中で、アルベルト・シュヴァイツァー（一八七五―一九六五）がたどり着いたのは、人間中心主義に潜む暴力性であり、それを克服するために彼が主張したのは、「生命への畏敬」として表される、あらゆる生命の等価性でした。人間のおごりや暴力性を深く見つめ直すためにも、動物と人間の関係は欠かせないテーマです。

言うまでもなく、動物と人間の関係は人類史と同じだけの長い歴史を有しています。人間が生きていくための栄養源として動物を必要としたというだけではありません。人間に特有とも言える行為において、すなわち、神的な力に対し祈願する際に動物は欠かせない存在でした。言い換えれば、超越的な世界と人間をつなぐ媒介（犠牲）として動物は存在していました。

近代になって発展した西洋の宗教学では、人間と動物を分けるものとして「宗教」を規定しました（デュルケーム、エリアーデ等）。宗教の起源を「動物性」の終わりに求めたと言ってもよいでしょう。確かに、これまで論じてきたように人間には他の動物にはない特性があります。しかし、近年、遺伝学、霊長類学、考古学、社会人類学、進化生物学などによる人間の起源の探求は、多くの部分において、人間と動物の根本的な差異より、むしろ両者の連続性を明らかにしてきました。このような科学的知見の助けを借りながら、我々は人間を広く動物との相互関係において洞察する必要がありますし、その成果は宗教における人間観にも適切にフィードバックされるべきです。

動物観・自然観の違い

前章で山極先生が指摘されているように、動物観や自然観については、キリスト教の影響を受けた西洋と日本の間には違いがあります。西洋的なものの見方を相対化するためにも、我々の歴史に根ざした動物観を再評価することは大切でしょう。日本では、東アジア一帯で行われていた祈雨等のための動物供犠が姿を消し、反対に放生《ほうじょう》（捕らえていた動物を解放すること）や殺生禁断令が、その目的のために採用されました。そして、仏教以前の土着的観念（アニミズム的生命観）の上に、仏教的な輪廻思想と不殺生が作用しました。いたずらに生き物の命を奪うことは、自然の秩序を乱すと考えられたので、古代社会では立春から秋分まで死刑が禁じられていました。端的に言うと、人間の命と動物の命、自然の命は根源においてつながっていると理解されていました。

日本には、動物と人間の関係を語る昔話が多数存在します。『日本書紀』（八世紀）では植物も言葉を発しています。かつて、動物と人間の間には、力の不均衡に調整をもたらすために様々な知恵が働いていました。動物が人間と会話を交わしたり、時には化かしたり、また結婚したりする昔話は人々の日常の一部でした。人間が動物を犠牲にしなければ生きていけないことに対する痛みと感謝をおぼえる回路を、かつては持っていたのです。

それに対し、大量の動物を家畜化・商品化し、痛みも感謝も感じることなくスーパーで動物の肉を買いあさる現代人は、人類史上、もっとも野蛮な段階にあるのかもしれません。対談では、貨幣やモノの流通が宗教を追い越していった、経済のグローバル化が取り上げられました。経済のグローバル化の結果、貨幣と肉を簡単に交換可能にするシステムが構築されました。その結果、宗教や伝統文化が持っていた命に対する繊細な感覚は吹き飛んでしまいました。もはや、動物と人間が会話を交わすことはなくなったのです。しかし、そのような時代であればこそ、我々は、物言えぬ動物たちの声を「聞く」力を回復する必要があるのかもしれません。

前章の冒頭で山極先生は、人間もゴリラのような野生動物とコミュニケーションできること、動物たちは他の動物や植物と会話しながら、自然界の時々刻々の変化に対応していること、そしてそれこそが「生きる」ことだと述べられています。本書は、霊長類の多様性や進化を視野に入れながら、人類の歴史を考察の対象としてきましたが、そこで感じられたのは、人が人であり得ているのかを計る大切な指標を、動物たちは与えてくれているということです。資本主義経済が世界を席巻し、動物が単に消費や娯楽の対象とされる時代の中で、過剰なほどの人間中心主義に批判的な光を当て、生き方の再考を促すのは、豊穣な生命観を継承してきた伝統宗教の務めであるに違いありません。しかし、そのためには人間を特権化する近代的「宗教」概念を批判的に検証し、矮小化された人間・動物関係から、我々は自らを解放する必要があります。その上で、自然・動物・人間を包摂する新たな「物語」を未来に向けて紡いでいくことが求められているのではないでしょうか。

自然と人工物

本書では、自然の中で動物や人間がどのような行動をとってきたのかを見てきましたが、同時に関心を向けてきたのは、人工知能（ＡＩ）に代表される技術革新が、人間にどのような影響を与えているのかということです。人間が持っている意識と知能のうち、ＡＩは知能の部分を人工的に強化することを目的としています。しかし、対談の冒頭で山極先生が述べられているように、人間が生きる意味についてＡＩは答えることはできません。今あるＡＩ（特化型ＡＩ）は人間の設計したアルゴリズムのもとに動いていますので、それを超えた問いに答えることはできないのです。

また、「生きる」意味について、意識を切り離した知能だけで答えることは原理的にできないとも言えます。生きるとは、絶えず変化する外部環境に身体的に対応することですから、そもそも身体を持たず、それゆえ意識を持たないＡＩが「生きる」という状態を認識することは困難です。とはいえ、現代人の志向性や価値判断の多くはＡＩのような技術によって媒介されており、人間は純粋な意味で自律的存在であるとは言えません。したがって、技術によってどのような影響を受けているのかを検証し、人間と人工物（技術）の根源的な相互浸透性を視野に入れることのできる価値規範が求められていると言えます。つまり、先に述べた「自然（動物）―人間」の関係だけでなく、「自然（動物）―人間―人工物」の関係を問う必要があります。

技術革新によって、自然と人工の旧来の区別が曖昧になってきているのも現代の特徴です。例えば、ヒトゲノム編集では、受精卵にゲノム・レベルで操作を加えることができますが、その受精卵は自然と人工をまたいでおり、そうした操作を行うことの倫理的是非が問われています。AIは典型的な人工物のようですが、脳神経回路をモデルにしたり、また人工生命の研究と密接な関係にあります。

AIは人間が生きる意味については教えてくれませんが、人間にとって意味ある情報、有益な情報、最適化された情報を提供してくれます。ビッグデータやAIなどによって、多くの人にとって意味ある有益な情報が、わかりやすく整理されて提供されることは、時代の恩恵と言えます。しかし同時にそれは、私たちが身体感覚を研ぎ澄ませて、猥雑な外部環境に対応することを、もはや無益なこととして省略することにもつながっていきます。人類がジャングルからサバンナへと降り立ち、移動を始めた時代、新たな環境において何が有益で意味があるのかは予見困難でした。しかし、そのような意のままにならない環境の中で身体感覚を研ぎ澄まし、想像力を駆使し、社会性を高める中で、人間独自の能力を発展させていきました。また、未知なる外部世界からの挑戦を受ける中で、五感では知覚できない未知なる超越世界への扉を開くことにもなりました。未知なる外部世界との邂逅が、人間の意識を覚醒させたとすれば、事前に整理された、自分にとって都合のよいデータだけを受け取る生活は、人間の身体性や外部世界・他者への感受性を弱体化させていく可能性があります。

そうした時代的文脈の中で、山極先生は意識と知能が分離されることとの危うさを指摘し、それぞれが対応する「了解」と「理解」の違いに注意を促しています。「理解」をロゴス（言葉）や論理の領域の働きとして、「了解」を身体的・直観的な領域の働きとして区分し、後者がAIの発達によって置き去りにされることを山極先生は危惧されています。ロゴスは前章で繰り返し用いられているキーワードの一つなので、少しだけ私の視点からの説明を加えておきたいと思います。

ロゴスと肉（身体）

山極先生が、キリスト教を言葉の宗教として規定される際、想定されているのは次の聖書の箇所であると思われます。

「初めに言《ことば》があった。言は神と共にあった。言は神であった。この言は、初めに神と共にあった。万物は言によって成った。成ったもので、言によらずに成ったものは何一つなかった」（「ヨハネによる福音書」一章一―三節）。

ヨハネによる福音書は、他の三つの福音書（マタイ・マルコ・ルカ福音書）とは異なる特殊性を持っており、その思想をもって聖書やキリスト教を代表させることは難しいですが、後のキリスト教神学に多大な影響をもたらしたことは間違いありません。特にその思想的特徴は、当時流行していたグノーシス主義との関係でしばしば説明されます。ヨハネによる福音書はロゴス（言葉）というギリシア思想の中核的な言葉を使いながら、当時流行していたグノーシス主義とは異なるスタンスを持っています。グノーシス主義では、霊と物質の二元論的世界観のもと、グノーシス（知識）によって、悪に満ちたこの世から離脱し、神的本質に回帰・合一するという救済が説かれました。そこでは肉体は罪悪視されます。しかし、ヨハネ福音書では冒頭の言葉のしばらく後に、次のような表現が続きます。

「言は肉となって、わたしたちの間に宿られた。わたしたちはその栄光を見た。それは父の独り子としての栄光であって、恵みと真理とに満ちていた」（「ヨハネによる福音書」一章一四節）。

ここでは言葉が「肉」（身体）となることが、神の救済として語られています。肉からの離脱ではなく、肉になるという点を踏まえれば、ヨハネによる福音書においてロゴスと肉は、分離不可能な一体性を持っています。必ずしもロゴス偏重ではないということです。山極先生が指摘されるように、西洋の哲学は古代ギリシア以来、「ロゴスの哲学」という特徴を有しており、山極先生はそれを批判的に対象化するために西田哲学を引き合いに出されています。

キリスト教は地中海世界で広がっていく中で、ギリシア思想の影響を強く受け、ロゴスの哲学が多分に注入されました。結果として、霊肉二元論に陥り、身体を蔑視するという伝統も後に生まれることになりますが、聖書そのものは決して身体を軽んじてはいません。西洋世界で見失われがちであったロゴスと身体の不可分性を、現代において再評価・再解釈すれば、「自然（動物）―人間―人工物」の関係の考察にも寄与する道が見えてくるかもしれません。

食と新たな社会性

現実に身体を維持するためには、「食べる」という行為が欠かせません。エネルギーや栄養を体内に取り入れ、分解・合成することによって、生命は、エントロピー増大の法則に逆らって、身体を維持し、生存・繁殖することが可能となります。しかし、霊長類においては食べることは、単に生物学的な意味を持つだけでなく、社会的な意味をも持ちます。さらに人間は、山極先生の説明にあるように、ゴリラやチンパンジーと異なり、行動域を広げる中で、食物を遠くにまで求め、採集した食物を仲間のもとに持ち帰り、分配して共に食べることになりました。そして、食物の分かち合いが、社会性とそれを支える想像力の基盤となったのです。しかし、人間社会が複雑化してくると、食事の場が、人と人とを分断したり、序列化する場にもなりました。

人類学では、特定の共同体や社会を観察する際、食事の場は「共食」と呼ばれ、特別に重視されます。なぜなら、食事の作法、つまり、いつ、誰と、何を食べ、何を避けるか、といったことが、社会秩序を如実に反映しているからです。最近の日本では「孤食」という言葉が使われるようになりましたが、それもまた核家族化し、共働きが当たり前となった日本社会の現状を映しています。かつては、家父長を中心に別のタイプの食卓が囲まれていました。そのような変遷も踏まえると、食卓は、時代ごとの社会秩序が反映されたミニマムな公共空間であると言えるでしょう。

聖書においても食卓の事例を見出すことができます。イエス時代の食卓は、ユダヤ教の律法（トーラー）の清浄規定の影響を強く受けていました。当時、「罪人」とされた人々と食事を共にすることはタブーでした。しかし、イエスは不注意からではなく、意図的に、当時、社会の周辺に置かれた人々と共に食事をすることにより、伝統的な秩序を内破させ、「神の国」（支配）に対応する新たな社会性を出現させようとしています。その意味では、「飲み食い」というもっとも日常的かつ世俗的とも言える場において、既存の秩序を震撼させる新しい宗教性が立ち現れているということができます。

不在者の倫理

食べるという行為と共に、ゴリラやチンパンジーと異なる人間の特徴として山極先生が挙げられたのが、不在者を受け入れる想像力です。ゴリラやチンパンジーにとっては、ある個体が仲間であることは五感を使った身体の接続によって認知されているので、集団から一定期間離れると、元いた場所が埋められ、集団に戻れなくなるということでした。ところが、人間はいったん離れた仲間であっても、再び受け入れることのできる柔軟性・社会性を持っています。不在者の受け入れに関して、対談の中で私は、死んで不在になった人、つまり死者が戻ってくるかもしれないという感覚を人間は太古より持っていたことを指摘しました。この点は、霊長類研究と宗教研究を接続する可能性のある興味深いテーマなので、最後に、私が近年取り組んでいる「不在者の倫理」を紹介し、本章を締めくくりたいと思います。

急速に失われつつあるとはいえ、伝統宗教の多くは「過去の不在者」、つまり、死者との対話の作法を有しています。しかし同時に、未来社会のあり方を考える際、まだ生まれていない「未来の不在者」に対する倫理的責任を欠くことはできません。これら過去と未来に向けられた別々の倫理的ベクトルを統合し、相補的に強化する視点として「不在者の倫理」（Ethics of the Absent）を構想しています。それは「過去の不在者」と「未来の不在者」を統合的に見、その中間存在としての「現在の存在者」（我々）を倫理的に止揚する倫理です。

過去の不在者と未来の不在者は対称的な関係にはありません。過去の不在者から我々は様々な影響を受けますが、通常、我々の行為が過去の不在者に影響を及ぼすことはありません（もちろん、影響を及ぼすという宗教的理解も存在します）。他方、我々の行為は未来の不在者の利害に直接的に関係します。現代世代が選択した行動（エネルギー資源やモノ・動物の消費を含む）は、未来世代の住環境や経済活動のあり方に大きな影響を及ぼすからです。そのような中で宗教がなし得る固有の働きは、「過去の不在者」に関わる豊穣なリソースを活用し、同時に「未来の不在者」に対する想像力を活性化することを通じて、過去と未来に対する倫理的射程を拡大し、それによって現代世代に課せられた責任を喚起することではないでしょうか。

不在者の論理は、宗教的世界観（コスモロジー）のみに立脚しているわけではありません。それは、この世界における存在は不在のものによって成り立っているという端的な事実を前提にしています。いくつか例をあげてみます。宇宙の誕生・形成プロセスについては、今も宇宙物理学がしのぎを削って研究していますが、宇宙はおよそ一三八億年前にビッグバンによって始まったことが、もっとも有力な仮説となっています。ビッグバンの直後、物質と反物質が対生成し、そのほとんどは対消滅を起こし、エネルギーに転換されました。しかし、最初期の混沌の中で繰り返された対生成と対消滅の中で、反物質だけが消滅するケースがあり、現在の宇宙を構成する物質が残ったと言われています（「CP対称性の破れ」として研究されてきました）。哲学的な表現を用いれば、宇宙の存在は「不在のもの」を介して形成されていると言えます。

三八億年前、地球上で最初の生命が誕生し、より原初的な段階から多様で複雑な生命体を地球環境は生み出してきました。マクロな視点で生命現象を見れば、食物連鎖に代表されるように「食べる」「食べられる」という連鎖の中で生命は自己保存と繁殖をなしています。生きているものは、無数の「不在のもの」の上に成り立っています。またミクロな視点で見ても同様のことが言えます。細胞レベルでの死のメカニズムは、一般的な死・ネクローシス（細胞の壊死）と区別され、アポトーシス（細胞の自死）と呼ばれています。特定の細胞が遺伝子によってプログラムされた死を経ることにより、細胞の集合体がより複雑な組織・器官へと分化していきます。つまり、細胞レベルの生命現象もまた「不在のもの」の上に成り立っていると言えます。

今存在しているものが、かつて存在し、今や不在となったものによって生成されているという端的な事実は、あまりにも当たり前すぎて、我々の日常の中で意識されることはありません。しかし、そうした事実に、伝承や非日常的な世界観を媒介として、光を当てるのが宗教の役割の一つであり、また、そうした事実に分析的・実証的な世界観から光を当てるのが科学の働きです。その意味で、不在者の倫理は、宗教的コスモロジーと科学的コスモロジーを架橋し、両者の相互補完・相互批判的な関係を構築することを目的としています。

「現在の存在者」の利益を最大化するように構築された現代の社会システムを相対

化することは容易ではありません。我々はその一部に組み込まれているからです。しかし、科学的知見や宗教的な知見を手がかりとして、今ある存在が「不在のもの」によって構成されていることを認識し、「過去の不在者」との相互関係を「未来の不在者」への責任へと転換することは決して不可能ではないでしょう。

本書では、ゴリラやチンパンジーと地続きの人類史を、山極先生の知見に導かれながらたどってきました。歴史の変遷の中で、とりわけ、近代化・産業化の中で、人間が失いつつあるものは少なくありません。直観や身体性も、その中に入っています。宗教は世俗化の中で、風前の灯火のように見られた時期もありましたが、形を変えつつ、しぶとく生き残っています。伝統宗教、制度的な宗教をどのように活性化すべきかという議論はいつもありますが、本書で試みたように、制度的な枠を超え、人類史の起源にまでさかのぼる形で宗教の人類史的な意義を考えることは、私たちの認知バイアスを自覚し、それを超えていくために必要なことではないでしょうか。我々が向かう新たな地平には「知のジャングル」が待ち受け、私たちの寝ぼけがちな身体と意識を再度覚醒させてくれることを期待したいと思います。

【著者】

山極寿一（やまぎわ じゅいち）

1952年東京生まれ。京都大学大学院理学研究科博士課程単位取得退学。理学博士。人類学者・霊長類学者。京都大学総長、日本学術会議会長を歴任し、現在、総合地球環境学研究所所長。著書に『ゴリラ』『家族進化論』（東京大学出版会）、『暴力はどこからきたか』（NHKブックス）、『「サル化」する人間社会』（集英社）、『ゴリラからの警告』（毎日新聞出版）、『スマホを捨てたい子どもたち』（ポプラ新書）、『人生で大事なことはみんなゴリラから教わった』（家の光協会）、『京大というジャングルでゴリラ学者が考えたこと』（朝日新書）などがある。

小原克博（こはら かつひろ）

1965年大阪生まれ。同志社大学大学院神学研究科博士課程修了。キリスト教神学者・宗教学者。現在、同志社大学神学部教授、良心学研究センター長。著書に『世界を読み解く「宗教」入門』（日本実業出版社）、『一神教とは何か』（平凡社新書）、『宗教のポリティクス』（晃洋書房）、『神のドラマトゥルギー』（教文館）、『良心学入門』（共著、岩波書店）、『原理主義から世界の動きが見える』（共著、PHP新書）などがある。

編集——今井章博

平凡社新書913

人類の起源、宗教の誕生

ホモ・サピエンスの「信じる心」が生まれたとき

発行日——2019年5月15日　初版第1刷
2022年2月17日　初版第3刷

著者——山極寿一・小原克博

発行者——下中美都

発行所——株式会社平凡社
東京都千代田区神田神保町3-29　〒101-0051
電話　東京（03）3230-6580［編集］
東京（03）3230-6573［営業］
振替　00180-0-29639

印刷・製本—図書印刷株式会社

装幀——菊地信義

ISBN978-4-582-85913-3
NDC分類番号161　新書判（17.2cm）　総ページ224
平凡社ホームページ　https://www.heibonsha.co.jp/